# 高情商交际术:
# 如何结交比你更优秀的人

宋犀堃 编著

成都地图出版社

图书在版编目(CIP)数据

高情商交际术：如何结交比你更优秀的人/宋犀堃编著. -- 成都：成都地图出版社有限公司，2020.7(2023.5 重印)
ISBN 978-7-5557-1504-7

Ⅰ.①高… Ⅱ.①宋… Ⅲ.①人际关系-通俗读物 Ⅳ.①C912.11-49

中国版本图书馆 CIP 数据核字(2020)第 117969 号

## 高情商交际术：如何结交比你更优秀的人
GAO QINGSHANG JIAOJISHU：RUHE JIEJIAO BI NI GENG YOUXIU DE REN

| | |
|---|---|
| 编　　著： | 宋犀堃 |
| 责任编辑： | 王　颖　赖红英 |
| 封面设计： | 松　雪 |
| 出版发行： | 成都地图出版社有限公司 |
| 地　　址： | 成都市龙泉驿区建设路 2 号 |
| 邮政编码： | 610100 |
| 电　　话： | 028-84884648　028-84884826(营销部) |
| 传　　真： | 028-84884820 |
| 印　　刷： | 三河市众誉天成印务有限公司 |
| 开　　本： | 880mm×1270mm　1/32 |
| 印　　张： | 5 |
| 字　　数： | 136 千字 |
| 版　　次： | 2020 年 7 月第 1 版 |
| 印　　次： | 2023 年 5 月第 2 次印刷 |
| 定　　价： | 36.00 元 |
| 书　　号： | ISBN 978-7-5557-1504-7 |

版权所有，翻版必究。
如发现印装质量问题，请与承印厂联系退换。

成功学大师戴尔·卡耐基曾经说过：一个人获得成功的因素中，85%是由人际关系决定的，而知识、技术、经验等因素只占15%。

善于人际沟通和人脉广的人，往往可以游刃有余地周旋在各种交际圈，受到欢迎、常伴好运。虽说道理人人都懂，但是很多人在人际交往中，还是存在很多误区和困难。其中，以下两点最为显著。

第一点是不敢社交，失去很多宝贵机会。

我们的一生中，会遇到很多宝贵的机会，而不敢社交往往让我们失去进步和发展的机会。

因为害怕跟人交往，我们不知道要怎么跟人交流，显得手足无措、格格不入，所以少了很多原本能结识的朋友。

想接触行业大咖，但因为自认为自己不行，不敢主动搭讪，所以少了许多能帮助我们的导师。

因为不懂得展示自己的能力和优势，只顾着勤勤恳恳工作，所以升职加薪都被新来的同事抢先。

因为嘴笨不会说话,所以跟其他公司谈合作、签下大单的往往都是其他同事。

第二点是不懂社交,积累的"人脉"毫无用处。

在《非你莫属》的某期节目中,一位90后小伙上台自我介绍时,向对面的老板们自信地表示,自己经常参与各种高端的活动,并从中结识了包括董明珠、俞敏洪在内的众多牛人大佬。

持怀疑态度的主持人和老板们提议:"既然你说你是董明珠的朋友,那可以现在给她打个电话,看看她怎么回应。"

小伙拿出手机,随即拨通了董明珠的电话。

时间一分一秒过去了,电话那头一直无人接听,最后小伙只好尴尬地挂断电话。

随后,主持人说出了所谓"交际达人"的小伙真实的人际交往状态:他自以为结识的牛人,实际上根本没有存他的电话,更不可能在他需要的时候给他提供任何帮助。

可见,真正的社交高手,不仅有结识人的能力,还有让别人认识自己并让别人真正成为自己的助力的能力。

本书结合现实案例和实用方法,阐述了高情商交际术的诸多技巧,让你真正掌握交际的实用方法,成为真正的"交际达人"。

2020年6月

# 01
## 情商高，就是让相处的人感觉舒服

有教养，懂礼貌，让你赢得好人缘 / 002

随时表达感谢，体现真诚态度 / 006

常说"对不起"，及时淡化矛盾 / 011

回馈他人的赞美，体现成熟礼貌 / 016

露出笑脸，化尴尬于无形 / 020

礼节适度，别让他人感觉到负担 / 025

谦卑得人缘，感恩得助力 / 029

# 02

## 留余地，讲情面，让人感受到你的善意

给人面子，留己尊重 / 034

人情留一线，日后好相见 / 038

把握分寸，化指责为商量 / 042

友善是征服的力量之源 / 046

淡化矛盾，冤家宜解不宜结 / 050

主动认错，不为问题找借口 / 054

有所保留，好事不要做尽 / 057

路径窄处留一步，与人行 / 061

# 03

## 不张扬，不轻狂，就会受人欢迎

君子应聪明不露，才华不溢 / 066

适度示弱是为了图强 / 070

深藏不露，韬光养晦 / 074

避免炫耀，少谈自己得意之事 / 078

大巧若拙，不要过分表现 / 082

成全别人的好胜心 / 086

出让优越感，收获亲近感 / 090

# 04

## 懂人情，通世故，让你的社交更有效

推己及人，增强自身吸引力／094

相互影响，将敌人变成自己人／096

储备关系，多结交比你优秀的人／098

放下"仇恨"，多个朋友多条路／101

多点头，从对方的立场出发／104

## 05
## 会说话，善沟通，别输在不会表达上

从"心"出发，学会以情动人／108
言多必失，口无遮拦是非多／115
千万别啰唆，话多惹人烦／120
别太刻薄，咄咄逼人输人缘／124
多说"我们"，少说"我"／128

# 06

## 会应酬，懂交往，在任何场合都不怯场

巧妙寒暄，迅速拉近距离 / 134

称呼得体，让你更受欢迎 / 137

互惠原理，滴水之恩涌泉报之 / 141

会说"场面话"，所有人都开心 / 145

会说圆场话，相处才融洽 / 148

# PART 01

## 情商高,就是让相处的人感觉舒服

## 有教养，懂礼貌，让你赢得好人缘

交际中，教养和礼貌是必不可少的。礼貌可以帮助你赢得很好的人际关系。每个人在潜意识中都希望别人尊重和赞赏自己，于是有了礼貌，这是人类文明史上的一大进步，它能帮人们解决很多问题。年轻人初入社会，更应时刻注意使用谦辞和敬语。

语言是思想的外衣，一个人的高雅或粗俗能通过语言体现出来。假如你想接通情感的热流，让自己在社会中畅通无阻，礼貌谦辞就应运用得体。正确地运用敬语和谦辞，会让你充满魅力，让对方倍感温暖。如果能用礼貌语和人交谈，就会让人感到"良言一句三冬暖"，使人与人之间产生融洽的关系。

一个不懂礼貌的人肯定不会得到别人的好感，更不可能赢得他人的尊重了。

有个年轻人一次开车出门迷了路，恰好遇到了一个老人驾着一辆马车，他就急忙上前问路："喂，老头，这离县城还有几里？"那个老人慢条斯理地说："无礼。"年轻人一听很高兴，心里想："5里不远了。"于是，就继续往前开车走了。但是走了5里地左右，年轻人发现还是一片荒凉，此时他才恍然想起自己的唐突行为。驾着马车的老人正好赶了上来，年轻人赶忙说："老伯，请问您老是否知道这里距离县城还有多远？"老人呵呵一笑，说："小伙子，我还以为你不知道礼呢。"之后就指了一条路给他。

在人际交往中，礼貌用语和谦辞使用得体，能够给对方留下良好的印象。一句简单的"谢谢你""对不起"或一个"请"字，如果使用得当，对调和及融洽人际关系的作用是很大的。不管别人给予我们多么微不足道的帮助，我们都应诚恳地道谢。而在别人道谢时，回答"我非常乐意帮忙""没什么"等，也会让人感到亲切。另外，在需要麻烦别人的时候，我们应该多用"请"字，比如"请问""请指教""请留步""请关照"等。频繁使用敬语和谦辞，让我们的话语变得委婉而礼貌，这也是通过降低自己的位置，将对方的位置抬高的好办法，所以我们不妨试着礼貌一些，客气一些。

在问候时，一定要温和亲切，音量适中，粗声粗气或奶声奶气的问候都会使人产生不舒服的感觉。在运用礼貌用语时，还应注意自己的神态，在向别人询问时，态度要谦恭。如果此时还直呼其名，或用外号称呼别人，吃"闭门羹"是很有可能的。

和人见面互道"你好"看上去事情非常小,但是这声问候传递着丰富的信息,表达的是尊重和友好,也是你有礼貌、有教养的表现。 你可以注意一下,社会上的一些成功人士说话时都是非常注意礼貌用语的,他们经常说"久仰""请""请多包涵""你好""谢谢""打搅了""对不起""请指教""望赐教""失陪了""拜托您了""承蒙关照"等话。

据说英国人的语言中"对不起"这句话是不可少的,只要是请人帮忙的时候,他们总会先说声对不起。 比如:对不起,请给我一杯水;对不起,占用您的时间了……连英国警察对违章的司机就地处理时,都会先说"对不起,您的车速超出规定"。 更有甚者,就算有车祸发生了,双方也是先彼此说句"对不起"后再解决问题。 在这种气氛下,双方的自尊心满足了,争吵的概率自然也会降低。

美国人爱说"请"字,比如"请讲""请转达"等。 有人说,以前的美国人在发电报时,宁愿多花一些电报费,也绝对不会省略掉"请"字。 所以,美国电话总局一年在"请"字上就能多收入一千万美金。

如果我们在语言交际中记得使用一些敬语和谦辞,相互间形成的气氛一定会亲切友好,从而摩擦和口角就会减少很多。 比如在让别人为自己服务时,不妨把"请"字加在话的前面;在和别人交谈时,如果涉及对方的父母,应该称"伯父"或"伯母",而不是直接说"你爸""你妈",这样称呼显然缺少礼貌的成分。 对于这些问题,懂礼貌的人是不会忽略的。

另外,礼貌可以化解矛盾。 同样一个意思,表达方式的不同给人的感受也不一样。比如你的路被人挡住的时候，假如你大声说："赶紧让开，我要过去。"这句话很可能换来的是不屑一顾的白眼。可是这个时候假如你用了礼貌用语，客气地说："不好意思，麻烦您让一下路可以吗？"大多数人听到这样的话，会立刻满脸笑容地给你让路。

  当然，礼貌用语虽然是一个人有修养的表现，但也不表示同样的话用在什么时候都合适，语境和场合也是要注意的，否则是会闹出笑话的。

## 随时表达感谢，体现真诚态度

有些年轻人觉得，说"谢谢"只不过是敷衍，两个字这么简单，能起到什么作用呢？这种观点是极其错误的。说话本身就是一门学问，而表达感谢则更是有讲究的，学会感谢让我们在交际场合给他人留下的印象是彬彬有礼。人际交往是一个互动的过程，一个人的善意一定会引起另一个人的"感谢"。

"谢谢"虽然是很简单的字眼，却是不用花钱的礼物，运用好了会带给你出乎意料的收获。一旦你的目标明确并采取了行动之后，你会发现自己已经得到很多意料之外的帮助，这时你一定要记得感谢这些帮助你的人，即使他们所帮的忙微乎其微。

当你在生活中遇到麻烦时，可能会得到热心人的帮助，在别人帮助了你之后，你自然会想到感谢。可是，你一定要先弄明白如何表达感谢，这是有讲究的。一句真诚的感谢虽然简单，却体现了人与人之间的配合与默契。恰当的道谢方法有以下几种：

1. 感谢时说出对方的名字

假如你想对帮助你的几个人表示感谢，一定不要概括性地说"谢谢大家"之类的话，而应该逐个地道谢。在这种情况下，不要嫌麻烦，帮助你的有几个人，你就应该对他们一一表示感谢。这时可以按照他们与你的亲密度或年龄大小逐个"点名"，这样，被感谢的人就会觉得你这个人很重情义，以后会更喜欢和你交往。

2. 表达感谢要直白

在向别人表示谢意时，最好是当面、直接，不能找人代为感谢，也不要含糊其词、云里雾里的，更不要担心你的感谢别人已经知道而不好意思。

李云刚把孩子送到托儿所，回来就去了隔壁的张梅家，她对张梅说："我们家孩子这次能入托，多亏你帮忙了。要不是你帮忙，恐怕接下来这一年，我只有待家里哄孩子玩了！这下我可以出去上班了，真是太谢谢你了。"

李云的感谢就非常直白，她不但直接面向被谢者，而且把感谢的原因说得很清楚，让别人从中也生出一种自己有能力帮助别人的自豪感来。

直白的感谢不仅在于形式，也在于感谢的具体内容。 当然，在不便直接说出感谢的内容或者有外人的时候还是闭口不谈的好。

### 3.感谢时要表达出自己的诚意

当你感谢对方的欲望产生于内心深处，此时说出的"谢谢"才能显示出真心实意，使"谢谢"有了生命力。"谢谢"的修饰词最能显示出真诚，比如："万分感谢您的帮助""非常感谢……"等，也可以用重复的句式来表达。

### 4.出乎意料的感谢可以增进感情

在别人没有想到或者觉得这件小事不值得感谢的时候，你却真诚地向他道谢，对方会很感动。对于这些小事，感谢的话你大可不必吝啬，这会让你们产生更近的关系。

### 5.及时而主动地表示感谢

从时间和态度上来说，及时表达感谢可以进一步加深感情，而感谢迟到时可能达不到真诚感谢的效果。在别人帮你做事后，感谢要尽快地表达出来，如果把感谢的话留到第二天或者以后去说，不但起不到感谢的效果，还会让人觉得你不懂基本的礼貌，这样是很难和人建立友好关系的。

主动自然是说要亲自找到别人去表示感谢，而不要在偶遇的时候才想起表达感谢来。虽然同样是感谢，但主动登门道谢和被动的偶遇才想起道谢会产生不同的效果。

虽然很多人帮助别人并不期望有什么回报，可是对受帮助的人来说，理应及时且主动地表达感谢，不能一拖再拖，这是不重视他人帮助的一种表现。

6. 许下的诺言不要打折扣

有时，人们为了能够将麻烦尽快解除，会对帮助自己的人许下承诺，一旦帮助成功了将如何感谢等。这种办法的确行之有效，但一定要注意信守诺言，不要说话不算数。不论别人是出于哪种动机，只要你确实得到了他的帮助，就应该不折不扣地兑现承诺。

很多人见对方决意不要酬谢，就偷偷高兴，心安理得地吞下了事前许下的承诺。甚至有的人看对方是冲着报酬来的，竟然指责别人有不纯的动机。这两者都是不对的。首先，即使对方坚决不要酬劳，但是如果你已经事先作出了承诺，也应该以别的途径表示感谢。其次，就算对方是冲着报酬来的，其动机虽然不纯，可如果你因此而违约，别人同样会嗤笑你的人品。

7. 感谢别人是一种感情行为，不是速食品

感谢和帮助都是一种感情上的交流，它和交易不一样。感情这种东西值得反复品味，切不可用"一手交钱、一手交货"的态度对待。感谢别人除了可以用物质来表达，还可以用同样的情感来报答。这样，建立起的人际关系才会更加密切。

不要觉得他帮助了我，我酬谢过他，两个人就谁也不欠谁的了，这样未免太没有人情味了。所以，对于帮助你的人，应当长时间保持联系。

### 8. 合理、恰当地表示感谢

和做其他事情一样，感谢别人也要掌握好度，不能不足也不可过量。如果感谢不足，会让人感觉他的劳动没有得到你的尊重；过量感谢则会让人难以接受，甚至怀疑你有其他目的。适度感谢，判断的依据有两个方面：首先是对方付出的劳动的多少，其次是别人的帮助给你带来的利益有多少。综合这两个方面后，再决定感谢的力度，仅依据其中的一方面来判定都有失偏颇。

## 常说"对不起",及时淡化矛盾

唇齿相依也会有牙咬着肉的时候,与人交往时闹些矛盾自然也是难免的,关键问题是如何解决已经发生的矛盾。其实,一句非常简单的"对不起"就可以解决很多麻烦事,说它是灵丹妙药一点也不为过。

一只狮子不经意间闯进一间四面镶着镜子的屋子,它同时看到很多突然出现的狮子。这只狮子大吃一惊,之后便开始龇牙咧嘴,发出阵阵低沉的吼声。镜子中的狮子看起来也十分生气,每只狮子都开始怒吼。这吓坏了那只狮子,它惊慌地开始在屋子里奔跑,一直到体力透支,倒地死亡。

这个故事正是我们生活的一个折射,假如这只狮子能够友善地面对镜子,情形就会立刻改观,镜子里的狮子必然会回报它同样友善的动作。同样,当我们把心中的善意主动地表达给别人时，我们的人际交往也一定会有所改善。

在社交时学会向人道歉，是缓和紧张人际关系的一剂灵药。比如在公共汽车上你踩了别人一脚，对方的不快会因你的一句"对不起"而化解。可是如果你什么都不说，就难免别人火气往上蹿了。

有人说："我也不是故意踩他的，为什么要道歉？"首先，你应该明白，这时的道歉体现出你有修养，你的悔意在这句"对不起"中表达了出来，使受到伤害的人感到一丝安慰。其次，无论你有什么原因，别人的麻烦和痛苦是你的行为造成的，你应该对此负责，"对不起"是在请求别人的谅解。

有些年轻人火气太大，经常是明摆着自己错了还不认账，甚至还反复强调别人的过错，这着实让人恼火。我们经常见到为了鸡毛蒜皮的小事就大打出手的情景。事实上，当时只要真诚地说句"对不起"，可能会有一个很愉快的结局。有诚意地说句"对不起"是你为自己的过失负责任的行为。在道歉时，千万不可以先为自己找理由，在别人看来，这其实是在推脱责任。这时，即使后面补上"对不起"，也是没有诚意的，是毫无意义的道歉。

缓和气氛的最传统话语就是"对不起"。"人非圣贤，孰能无过"，人人都知道为自己的行为辩解，可那往往只会让事情更糟。所以，不如坦然地说声"对不起"，它是忏悔和尊重的体现，同时也象征着勇气与责任。

有一次，手中拿着一份报告的张明谦逊而有礼貌地对老板说："这是您让我写的下个月的计划方案，我写了

3个，它们的利弊也详细地写出来了，您看实施哪个方案比较好？"这时，老板勃然大怒，拍着桌子对他喊道："你究竟选定了哪个方案？为什么不告诉我你自己的想法？是不是不想承担责任？"张明听后吓了一跳，他委屈地想：就是让您拿个主意，这么生气有这必要吗？真是不可理喻。看着想说又不敢说的张明，老板更加生气地大吼："你还不服气了，公司养你们是做什么的！"张明捏了一把汗后，做了一个让自己都感觉意外的决定，他对老板轻声说："对不起。"老板听后，火气消了一大半，他对张明说："你先拿回去做个选择再给我看吧。"

无论是什么事，只要是出了问题，自然是有很多原因，可是问题的关键在于这件事是谁做的谁就该负责。也许老板是有些仗势欺人了，但张明没有主见才是问题的关键所在。如果他再一直强调原因，难免让老板感觉他是在为自己开脱责任。这时他做了正确的选择，说了一句既简单又表示歉意的"对不起"，对方便不能发火了。

俗话说："杀人不过头点地。"一般只要选择道歉，对方也会放你一马。其实，如上文中的张明一样，就算不是你一个人的错，想息事宁人，也最好先说声"对不起"。这样，双方紧张的气氛才能避免，以后的事情也就好办多了。

"对不起"这句衷心的话不仅对破裂的关系有弥补作用，还能够增进感情。说"对不起"的方法主要有以下几种：

1. 不要认为说"对不起"是耻辱的

"对不起"体现了真挚和诚恳。即使是大人物，也是懂得道歉的力量的。丘吉尔对杜鲁门刚开始的印象很坏,可是后来他告诉杜鲁门,说自己低估了他,应表示歉意。

2. 该道歉的时候立刻道歉

说"对不起"要及时,道歉的良机会因犹豫不决而失去。"对不起"越拖延越难以启齿,有时甚至追悔莫及。如果你认为某人把你得罪了,却迟迟没致歉,你是不是会闷闷不乐呢?所以,当你对不起别人还迟迟不肯道歉时,对方也会和你有一样的感受。

3. 除了要在口头上道歉以外,在行动上弥补过失更加重要

在开会前,公司都会给出席者一份与会资料,可是有一次开会时,一部分资料被漏印了,这个错误是因为负责复印的李明疏忽导致的。虽然这部分资料不会影响会议的进行,但是领导会批评李明是毋庸置疑的。

但是,李明并未受到领导过多的指责,因为他对领导说:"对不起,请您把资料再借我一下,我想重新复印一份。"过了一会儿,他给了所有出席会议的人一份完整的资料。

李明不仅道了歉,而且他想办法补救的态度让领导感觉他有强烈的责任感,所以给领导留下了很好的印象,没有过多地批评他。

即使我们再仔细,也难免有犯错误的时候。此时,对于

所犯的错误,要想对方原谅自己就要及时地道歉并弥补。当然,前提是你一定是真诚的。

另外,"对不起"还可用于其他场景,它同样会让你受益匪浅。比如在别人给了你一点方便和照顾时,即使别人有责任照顾和帮助你,你也应该说:"对不起,给您添麻烦了。"在社交场合,需要麻烦别人时,说句"对不起,您能帮我……",一个人的谦虚及修养都能由此体现。

## 回馈他人的赞美，体现成熟礼貌

被别人赞美是件好事，此时最礼貌的做法应该是坦然地接受赞美，并给对方及时回馈。我们在受到赞美的时候，应该礼貌地表示感谢。少说过于谦虚的话，执意这么说反而会使赞美你的人尴尬。能够大方地接受赞美并适时地赞美别人的人，才能说明他既喜爱自己，也喜爱他人，这才是成熟和礼貌的表现。

面对称赞，很多年轻人不知如何是好，总是感觉不自在，会不好意思，觉得如果直接接受别人的称赞会显得不谦逊，于是开始否认。虽然人们称颂谦逊的品质，但实际上，缺乏自信也往往隐藏在谦逊中。

谦虚是美德，但必须掌握分寸。有意的、过分的谦虚是一种虚伪。

王华自己承担了一项任务，完成后，领导在大会上对他进行了表扬和奖励。可是他却再三谦让，把自己通过劳动取得的成绩全归结于偶然因素，归结于他人帮助的结果。再三推辞的时候，还有些害羞的微笑挂在他的脸上。

看到他的这副表情，底下的人笑了起来，有些人甚至流露出了不屑，他们觉得王华是在"装"。虽然领导也认为王华是在谦虚，但这项任务明显跟其他部门的人沾不上什么边，台下人的哄笑使领导有些后悔对王华的表扬。

王华的确有功劳，却没为自己换来更广阔的发展空间。这是年轻人进入谦虚误区的表现，而且这个误区既让自己被忽视，又让别人尴尬，同时还让人看轻。

接受别人的赞美和鼓励是让自己变得自信的快捷方式，对于别人的赞美不妨大方地接受，过分的谦虚会让你看轻自己。

一家化工企业的技术人员芳芳，刚刚在本公司举行的业务竞赛中拿了几项大奖。同事们纷纷向她表示祝贺，部门为庆祝她拿奖组织聚餐，公司领导当着众人的面夸她非常棒，谦虚的芳芳回答说："其实也没什么，不过是公司颁发的几个奖而已。"领导听了这句话，顿了一下举起来的酒杯，脸上有了尴尬的神色。很明显，芳芳的谦虚让领导以为这些奖对芳芳而言是可有可无的。于芳芳而言呢，她的努力和能力因这句话而立刻被弱化了。

初入社会的年轻人难免会有类似的举动，故意轻描淡写自己的成就，以示谦虚，不愿大方接受他人的赞美之词。要知道，在别人赞美你时，如果你用"只不过……""我非常意外……"等回答，会使赞美你的人产生沮丧的感觉。此时，你不妨坦然地接受，然后说："谢谢您，对此我也感到非常高兴。"这种方法是对赞美最好的回应，也是礼貌之道。

看看以下两组对话，哪组让你感觉舒服呢？

> 第一组：A 小姐对 B 小姐说："你的新发型看上去很棒，非常适合你。"
>
> B 小姐回答："谢谢你，短头发打理起来比较容易。我觉得你的发型看上去也非常好，烫发很适合你，女人味十足。"
>
> 第二组：A 小姐对 B 小姐说："我觉得在钢琴独奏会上你的表演实在是太棒了。"
>
> B 小姐说："什么呀，真是太糟糕了。我紧张得都忘了第 5 小节了，只好在弹完第 4 小节后结束。我觉得都不该上台表演。"
>
> A 小姐有些尴尬地说："我没听出哪个地方不对劲啊，听上去很好，我要能弹得那么好就好了。"
>
> B 小姐说："真不知道当初我为什么要去参加这个表演。"
>
> A 小姐无语了。

第一组对话显然比第二组成功得多，相信第一组对话的两个人那天的心情都非常好。而第二组对话者则没有那么幸运，以无语的场面草草收场会有什么好心情呢？这种情况我们是要尽力避免的。一方面，我们应学会恰到好处地赞美别人，根据所赞美对象的客观事实或具体表现，在恰当的时间、地点和场合赞美别人；另一方面，对于别人的赞美要学着接受，并发现对方值得赞美的地方。当然，还有另外一个因素关系着赞美的成功——及时。

在一个小镇上，一位诚实的送货员经常送货给一家百货店，不管刮风下雨，只要拨一通电话，他就马上送到。直到有一天换了一个送货的人，老板感觉非常奇怪，问道："以前送货的那个人怎么不来了呢？"这个人告诉老板："他是我的哥哥，他一个星期以前在车祸中去世了。"这时那位老板不禁感叹道："他是个好人，我非常感激他。可是这个谢字我一直放在心中没说出口。"这个人看了看老板，说："要是早点让我哥哥知道有人这么赞美他那该多好。"这件事以后，这位老板总是不忘及时对人表达赞美之情。

不要吝啬开口赞美别人，发现别人的优点应及时赞美。在你得到别人的赞美时，即使是基于礼貌，回馈也是应该的。

## 露出笑脸，化尴尬于无形

"人在江湖，身不由己。"人都不能免俗，在和别人打交道的时候，遇到矛盾是很自然的，有三种情况是你一定会遇到的：自欺、欺人和被人欺。

正所谓"己所不欲，勿施于人"，自欺或欺人是不可取的。最要紧的是做个聪明人，学会最大限度化解被人欺的情况，而屡试不爽的一招就是笑脸。俗话说"伸手不打笑脸人"，这的确是一句至理名言，一脸亲切的笑容的确能化解很多矛盾。

张小姐是个好脾气的人，不过她有一个缺点，就是做什么都很慢，也没有很强的时间观念。朋友和同事若是和她一起吃饭，常常是等到头顶快冒烟了她才到，而且最后吃完的那个总是她。每次朋友和同事见到她都想大骂一顿。可她出现的时候却从来都不辩解什么，而是做个鬼脸说："不好意思，你们不要再生气了。"果真，朋友和同事都拿这招没办法。

有一次，老板因张小姐的一时疏忽而生气了，老板大骂张小姐，骂得很凶。同事看在眼中，害怕无法收拾场面。结果，张小姐一直微笑着不断道歉，经过很多次的重复之后，老板也骂不下去了。

在别人发火时，不妨笑着应对。 如果是你的错误，应该立刻主动道歉，这就意味着你把白旗已经举起来了，此时对方一定不忍心对准你"开枪"了。 总之，要先把别人的怒火用一张笑脸压下去，把一场可能发生的风暴消灭后再想其他。 如果认为自己没有不对的地方，那么等对方怒气消后再想办法为自己申冤也不迟。 因为在别人发火时，无论你怎么解释，都会被对方认为是在推卸责任，这会让对方的怒火更甚。

徐先生的房子租期就要到了，周边的房租价格已经涨了许多，徐先生不想再搬家，又不想让房东提高房价，只希望房东能够按照原来的价位将房子继续租给他。但是，徐先生觉得不会有太大的希望，因为身边的很多房客都失败了，而且自己的房东是难以应付的。徐先生几经考虑，决定用他的方式尝试一下。

第二天房东登门拜访，徐先生在门口很客气地迎接，租金的事并没有一开口就提，而是说他如何喜欢这个房子。他称赞房东真有眼光，买房子的位置好，房价在短短的几年内又涨了很多。他还对房东管理房屋得法加以恭维，称赞其不像有些房东看房客看得很紧。徐先生本着"诚于嘉许,宽于称道"的原则对房东进行了一番适时的赞美后,才说这所房屋自己实在是太喜欢了,希望房东能以原来的价格继续租给他。

很显然,这位房东从来没有受过房客如此款待和欢迎,这样赞美的话更没听说过,有些不知道怎么才好。最后房东说:"我也愿意有你这样一个爽快的房客,关键并不是要挣多少钱,而是看什么样的房客。像你这样通情达理的房客,我愿意按原价租给你。如果缺什么,就跟我说,我会尽可能给你配置齐全的。"

假如徐先生采取别的房客的办法硬性争取房东按原价继续租给他,结果很可能不是现在这样,而他采取了友善、赞美的方法,很容易就大获全胜了。

如果在与人交往时,对方故意忽略或冷落你,那么你应该想想你平时是怎样对待他们的。每种状况都隐含着多种潜在的建议,也许最终只有一条是你应把握的,那就是放低姿态,以一张笑脸对待他们。对于本不熟识的人,多赞美几句,多给几个笑脸往往会使你们交往得很愉快。

有些年轻人容易情绪化,一听到他人的批评,特别是关于某件事错误的批评,当着别人的面就会立刻发起反攻,甚至有些人会觉得自己受了委屈而号啕大哭。如果是后者,别人可能当时不会再多说什么,可是从内心来说,这种娇气的作风会更被人看不起。如果是前者,别人就会有对立的情绪产生,出现这种情况的后果往往不是三言两语就能收拾得了的。

事实上，微笑着道歉这样的事并不难做到，也不是懦弱的表现。道歉是一种智慧的表现，因为你可能只是偶然的失误，别人也不会对你如何，发火也只是一时之气。人们一般是比较理性的，他们对长期与自己共事的人的印象和评价，不会只凭一两件错误的事就发生改变。因而，对自己道歉后会被打入"冷宫"的担心也就没有必要了。

另一方面，你应该能够理解，谁都有自己的喜怒哀乐。假如别人因你做错事而受了气，发泄是很自然的。所以没有必要把别人发火的事看得太重，也不用觉得道歉就是在伤害自己的自尊心。总而言之，无论对自己还是对别人，出现了摩擦就应当让它很快地过去，并想办法缓和关系。不然，你们正常的交往就会受到影响。

当然，如果别人朝你发火的时候你觉得并不是自己的过错，在等他发完火之后，你应该把事情的始末跟他解释清楚，这样，在别人心中你才是一个有责任感的人，两人之后的关系才可能更融洽。

做错了事主动道歉的人，比那种想方设法找借口辩护的人得到的谅解更多。因为别人能从道歉中看到你的正直和坦荡。人在生活中总会出现这样或那样的失误，只要发现错在自己身上，就应立刻主动道歉。对我们来说，学会笑着道歉是一种在社会上生存的基本技能。

假如错了还始终不承认，把自己摆在很高的位置上看别人，不但得不到别人的尊重，还会失去许多成功的机会。如果你能放下身段，对人微笑，即使做错事情，别人也会很容易原谅你。

至于这种本领是如何练成的，有以下几个要点：

（1）别人的批评你要虚心接受，向对方解释时保持微笑，让他批评不下去。

（2）时刻想着人与人之间沟通的桥梁是微笑。

（3）如果你想骂人，一定要克制情绪，诉说时也应该面带微笑。

（4）即使是讲电话，你的微笑也要让对方感受到。

## 礼节适度，别让他人感觉到负担

很多年轻人初入社会，理所当然地认为多遵守礼节一定是对的，殊不知礼多有时候也是一种错。做任何事情都要有度，如果突破这个度，就会有不妥之处。礼节也是一样，过多的礼节要么让人感到虚假或者没有诚意，要么会成为他人的负担。在面对有过多的"礼"的人时，人们会发出这样的声音："这人事儿太多了。"

在与人相处时，礼节需要特别留意，要细心为别人着想，才能在最后省心。不然，讲礼节的结局很可能会让人"烦心"。

中国是个很讲人情味的国家，人们待人待客都非常热情，因此就会有很多的"礼"。很可能一位客人好奇你家果树的果实，只是站在边上多看了几眼，你就会摘几个送给他。也有可能在你指手画脚半天也没有把情况说清楚时，干脆带问路人走很远的路，将他送到了目的地。这种热情的确让人受宠若惊，这也算是"礼"起到的作用。

可是你也要明白，假如受宠若惊过度，就可能受到惊吓。有时候，我们的礼节太过于周到反而容易让人出"洋相"。这就只能说明我们的礼节根本不够周到，是好心帮倒忙，费力不讨好。

刘涛刚进公司没多久就被安排与另一家公司进行谈判。他非常高兴，把谈判地点选在一家茶馆。虽然有人对谈判地点颇有微词，但是刘涛认为这个地方对于缓解谈判的紧张情绪有利，所以最终就定了下来。他还特意交代服务员要看他的眼色行事，勤快一点。

那天在包间内，宾主寒暄一番后就开始畅谈共同关心的问题。这时，面带微笑的女服务员手脚麻利地奉上清茶。

不知是清茶飘香，还是秋季口干，对方的主谈人员把一杯茶几口就喝完了。女服务员真是眼尖、手勤、脚快，立刻帮他把茶杯添满。对方主谈人员大概盛情难却，又几口喝完了一杯茶。刘涛还在使眼色让服务员继续添茶，没一会儿，对方就喝完了5杯清茶。

在他们刚谈到重点的时候，对方主谈人员突然紧皱双眉，四下张望，急需上洗手间。主谈人员是见过世面的人，不方便直接提出要求上洗手间，于是向身边的一位高级人员急速耳语了几句，那个人飞快地写了张纸条，伸手交到刘涛的手中，请求中止一下会谈。尽管最后这场谈判成功了，刘涛却感到了一丝尴尬，他开始反省自己是不是热情过头了。

我们抱着"四海之内皆兄弟"的想法,待人热情一些没有错,但如果对方因我们的过度热情而被吓跑就有违我们的本意了。

一位朋友向做丝绸生意的马先生求购一件上好的丝绸衣服,说是在外面没找到好的,想向他买。马先生说没问题,不仅拿出一件很好的丝绸衣服,还另外拿了一块昂贵的布料送给朋友。

在朋友来拿时,问他多少钱。马先生笑着说:"你这是什么话,我们之间的交情这么深,这是送给你的。"

但是事隔半年,马先生从另一位朋友那里得知,他送丝绸的那位朋友正托人在找一件丝绸衣服。马先生感到很奇怪,那位朋友明明知道自己多的是,为什么没有来找自己呢?

告诉马先生消息的朋友笑了,说:"他说因为他知道你不会收他的钱,所以不能再找你要了。"顿了一下,朋友接着说,"有时别人要跟你买,你却送他而不是卖给他,这会让你和别人之间难以有下一次交易。"

马先生不知道那位朋友有没有买到合适的丝绸衣服,可是他觉得,自己做得不对,因为他的人情味,反而使他和朋友的交往受到了影响。

有时候,"礼"太多反而会让他人感觉到负担。

小学看一位朋友表现得很烦躁,就问他在为什么事烦心。朋友说:"我的一个朋友要来了,我很为这件事头疼。"小李纳闷了:"朋友来不是好事吗,有什么值得头疼的?"朋友回答:"你是不知道,他对我太好了。我有一次去他家玩时,他请我去当地五星级宾馆消费,后来还请我玩各种昂贵的娱乐项目。他现在要来我家,我和妻子真的发愁了。我们这个地方很小,消费水平一般,招待人家时哪里能弄出那样的排场呀!"

所有人都讲究礼尚往来,假如你的"礼"过重,那你是否想过对方也许正为还你的"礼"而发愁呢?

## 谦卑得人缘,感恩得助力

俗话说:"谦卑得人缘,感恩得助力。"这是很有道理的一句话。获得别人尊重和得人心的要诀之一就是练好"谦"功,养成谦虚的性格。但生活中有一部分人,认为只有高调做人,才能担当重任。因此,他们总是趾高气扬,一点都不在乎其他人,总是与人争执不休,失去了他人的信任和好感,并且人际冲突不断。

有道是"山外有山,人外有人"。古之成大业者,除去自身的能力外,无不是虚心待人、谦逊处世的。谦逊的人懂得积蓄力量,于是在他们的周围总是聚集着许多朋友,他们总能赢得朋友的尊重。这是因为谦逊的人给人的印象不会太张扬虚荣,人们乐意接受这样的人。

时时标榜自己的才干、掩饰自己的过失的人是遭人厌恶的,人们难以接受他们妄自尊大、目空一切的态度。而一个十分谦逊且有功绩的人,他的身价定会倍增。谦卑是有助于我们通往成功和赢得人们尊重的美德,我们要做到对人对事都不骄狂,否则极有可能使自己被他人讥笑和瞧不起。

苏格拉底是古希腊伟大的哲学家,当时有不少人向他求教演讲的艺术。一天,一个年轻人来求教,他向苏格拉底滔滔不绝地讲了许多话,目的就是要让苏格拉底看到自己跟其他人不一样,结果他的学费是别人的两倍。年轻人很纳闷:"为什么要收我双倍的学费呢?"苏格拉底对他说:"我只需要教一门课程给别人,而你,我要教两门功课,一门是教你学会闭上嘴,另外一门才是教你演讲。"

我们都听过"龟兔赛跑"的故事,兔子的骄傲和乌龟的谦虚在我们心中留下了很深的印迹。而长大后,很多年轻人虽然明白谦虚做人的道理,但是要自己谦卑地处世却做不到,以至于在生活中屡次受挫。生活中骄傲的人有很多,他们往往才华横溢,充满抱负和追求,他们随时随地表现自己,好像生怕别人不知道自己的能力,而且时时处处显示自己的优越感,期待以此得到别人的钦佩和尊重,但是却常常事与愿违。

小许虽然刚到单位,但是能力却很强,因为在和客户谈判的时候表现得体,为公司获得了很大利润,他受到老板的高度表扬。他因此觉得自己的地位有了提高,老板也开始看重自己了,他开始看不起其他同事,平时总是表现得妄自尊大、高傲自满。这种态度使得同事们都不愿意和他一起工作,他成了孤家寡人,他的许多工作都陷入尴尬的局面。后来，因为他的一次判断失误，使公司损失较大，老板对此很恼火，而且没有一位同事替他说话，于是他很不体面地离开了公司。

我们可以从小许的经历中得到这样的启示：在社会上处世，为人一定要谦虚。做人万万不可锋芒毕露、自以为是，不分场合地过分显示自己。无论对方是什么样的身份，我们都不能以傲慢的姿态与之交往。一方面，人不可貌相，许多良师益友往往来自不起眼的生活与工作中；另一方面，骄傲会让你树敌太多。中国有句俗话："多个朋友多一条路，多个冤家多堵墙。"但是古往今来，仗着自己的一点小聪明就恃才傲物的大有人在，他们看谁都不如自己，逢人就批，因此得罪了很多人，同时也让自己的人生多了许多坎坷。这类人其实是有些才能的，如果处世得当，应该可以获得成功。但是他们不明白为人处世要低调的道理，正所谓"恃才岂能小瞧人，任性何必得罪人"。如果他们懂得这个道理，就不至于为自己招来祸端。

我们需要经常虚心地向他人请教，因为谦虚能让我们看到别人的长处和自己的不足。骄矜对人对事的危害性，古人是看得很清楚的，他们明白"谦卑处世人常在"的道理。正是因为你的谦卑，别人才会尊敬和帮助你，而喜欢自夸和爱慕虚荣的人最终将被自己的一些小成绩累垮。当你有了一定成就的时候，不要急于显露自己如何了得，要保持低调和谦卑的态度，这样你才能不断地进步，不断取得新的成就。如果你因为自己有了一点成就，就看不起别人，那么总有一天你会尝到苦果。切记：做人一大忌就是恃才傲物。

懂得谦卑处世的人才是真正的精明人，为人处世的一条黄金法则就是谦卑。当然，也不能一味地谦卑，要把握好度，否则会变成虚伪。在这个现实的世界，道德高尚且有才干的人，往往能正视自己的能力和成绩，他们不会常把功绩挂在嘴边，放在心上，但他们身边的人一定会知道他们的功绩。

# PART 02

## 留余地，讲情面，让人感受到你的善意

# 给人面子，留己尊重

有人认为，中国人最看重的不是钱财，也不是权位，而是面子。这种看法虽然有偏颇之处，但是从某方面也反映出了面子在人们心目中的重要性。一个人在众人中立足的"根本"就是面子，换句话说，是"地位"的代表。

在人际交往过程中，给他人留下良好的个人印象是每个人的希望，因此，人们所表现出的自尊心都很强烈。当遭遇窘境甚至误入歧途时，他们的自尊心就会严重受挫，并变得异常敏感，如果这时候又有人使其下不了台，他们的反感就会更为强烈，甚至有仇视心理。在人际交往中，要想与别人建立和谐的关系，就必须懂得把自己的面子放下，给他人足够的面子。

新东方组织了"谈人生、话留学"的大型讲座，主讲是俞敏洪和周成刚先生。俞敏洪两点整穿着一身休闲装准时在会场上出现，看上去自信、潇洒。

讲座开始，负责主持的是一位女士。原本，简单的开场白后，一切就都可以顺利地进行。但是，不知道是怎么回事，当这位女士把俞敏洪和周成刚介绍给大家时，就是不知道该说什么好！而且，一连重复了5遍，都中途卡住了。

这时，俞敏洪上了台，他接过这位女士的话筒，微笑着从容地对这位女士说："小雅，你太紧张了，来，让我们拥抱一下吧！"台下的听众掌声一片，这位女士应该是最受感动的。在她如此尴尬的时候，她的老总，用足够的宽容为她解围。这一天，这一刻，她将会终生难忘！

这是一件小事，但是透过这件事，让人对俞敏洪有了更深的了解，有此种包容心的人，怎么可能不成功呢？给别人面子，正表现了你胸襟坦荡、雍容大度，可以避免不必要的尴尬、难堪，还可以获取他人的友谊和信赖，而他人的友谊和信赖往往能为你的成功助一臂之力。

人就是这样奇怪，暗地里和明面上的亏都可以吃，但就是不能吃面子的亏。所以，在处理同事、朋友的关系时，一定要注意保全同事、朋友的面子，对待别人态度要宽容。无论遇到什么事，要多想想，多说几句体谅的话，不要紧抓住别人的缺点或错误不放。要善于换位思考，站在同事、朋友的角度多考虑一下他们的感受，仔细思考之后再做决定，以免破坏了同事、朋友的关系，别人也会因此更信任你。

生活中给对方留面子是一种互助的行为，假如你觉得没有必要给别人留面子，那么在工作或者生活中，你往往是个得不到大家喜欢的人。所以，时时注意给他人留面子才是最明智的选择。你在给他人留面子的同时，也为自己铺就了一条通向成功的阳光大道。

中村是日本德川幕府第三代将军德川家光的大臣，慎思密虑且生性温和的他，为人处世极谙收买人心之道。德川秀息是德川家族中的一位将军，此人手握兵权，非常讨厌别人抽烟，于是，他在军中下了一道命令：凡是士兵抽烟者，一律斩首。

有一天晚上，在城门负责守卫的几个士兵，想到深更半夜肯定没人前来巡查，便每人点了一根烟躲在阴暗处抽起来。哪知这一晚，中村正好闲来无事，出来巡视。当士兵们发现中村时，已经来不及掐灭烟头了。士兵们一个个惊恐不安，不知所措地站在那里。

中村若无其事地走上前去，将守卫们的情况先了解了一下，然后对他们说："你们刚才抽的烟让我也抽一口，怎么样？"中村怎会提出如此的要求？士兵们疑惑不解地望着他，但还是乖乖地拿出香烟交给中村。中村接过来，津津有味地抽了几口，就又还给了他们。

"烟这样可口我真没想到，谢谢！"说罢，中村转身走了。刚走了几步，他又转回来对士兵们说："今天的事，我也有份，希望这种事情以后再也不会有了。要知道，你们的将军可是最讨厌抽烟的。"据说，自此之后，再也没有士兵抽烟了。

一个善于处世的人在与他人交往的过程中，总会巧妙地给他人保留一份颜面。对于尴尬难言的事，没必要当众宣布，更没必要撕破脸皮，弄得不欢而散。应该对人进行暗示，那些不便公开说的话，可以在私下里说，既维护了别人的面子，也达到了自己的目的。

人人都爱面子，你给他人面子就是给他人一份厚礼。你给他人留面子，是对他人尊重和体谅的表现，这样有助于你维护与他人之间的良好关系。

## 人情留一线，日后好相见

有一句俗语在民间流传："人情留一线，日后好相见。"意思是说，与人相处时，要记得为彼此留有余地，这样不管以后在什么场合碰面，双方都不会难堪，更不至于让对方看到你就咬牙切齿。

《菜根谭》是集处世经验的大成之作，其中有"锄奸杜悻，要放他一条去路。若使之一无所容，譬如塞鼠穴者，一切去路都塞尽，则一切好物俱咬破矣"的劝世诫句。意思是说，如果想铲除那些邪恶奸诈之人，就要给他们留一条重新做人、改过自新的生路。如果逼得他们走投无路、无立锥之地的话，就好像堵塞老鼠洞一样，把一切进出的洞都堵死了，一切好的东西也会被咬坏。

人在面临绝境时，大部分都会以死相拼，全力挣扎。这给我们以深刻警示，那就是置人于死地往往容易激起更大的反抗，成败可能会在瞬间换位。因而，在征服者已经把对手置于必败之险地时，不妨试着留条生路给对方。

不追穷寇的事例在《三国演义》中就有。曹操平定河北后，率领将士包围了壶关。曹操下令："城池攻破以后，把俘虏全部活埋。"可是一连打了几个月，都没有打下城池来。大将曹仁进言说："围城一定要让敌人看到逃生的门路，要留一条生路给敌人。如果你告诉他们只有死路一条，敌人就会人人奋勇守卫。况且城坚粮足，围攻更会旷日持久。如此下去，不是什么好办法。"曹仁的意见被曹操采纳了，城里的守军最终投降了。

《孙子兵法》中说过，攻敌时要给敌人留下一条退路，若是把敌人团团围住而不留活路，敌人在走投无路的情况之下只好决一死战，倾全力反击。留下一条退路给别人，这样也可能是为自己日后留下了一条退路。

这种退让之法只有洞悉人情事态的人才会去做，这种良好的效果也只有深知进退之道的人才能收到。

唐朝京兆万年人任迪简考中进士后，在天德军使李景略处任判官。有一天，李景略在军中宴请宾客，任迪简因故迟到，依照规矩应当罚他喝一大杯酒。可侍吏在倒酒时，不小心将醋当成酒，倒了满满一大杯给任迪简。任迪简刚放到嘴边，就已经尝出是醋了，但想到李景略平常严厉苛刻，如让他知道此事，一定会处斩那个倒错酒的侍吏。于是便忍住酸把那一大杯醋全喝了下去，把那个侍吏的过错掩盖了，又找借口说这酒太淡了，请求李景略另换酒。任迪简回家后就病倒了，咯血不止，但仍没有把此事传出去。后来不知怎么被军中的将士知道了，大家感动得流泪，李景略也深受触动，对那位侍吏也没有进行责罚。

正是因为任迪简宽宏大度，对他人的过失能够宽恕，所以受到了军中上下的敬重。

生活中，我们会时常碰到很多让人感到无奈的事，有时候也会碰到一些恶意的、真正对不起我们的人，如果不学会宽容，我们就会被无穷无尽的烦恼所包围，永无解脱之期。

宽容于事，宽容于人，无非是不去逞强斗狠罢了，但我们却可以收获和谐、安然、宁静与友好。宽容者，善以待人，能容人处且容人，能让人时且让人。将心比心，多给别人一些关怀和理解，别人才会尊重你，因为人总是喜欢和宽容厚道的人交朋友，正如著名作家萨迪所说的："谁若想在困厄时得到援助，谁就应在平日待人以宽。"

"她要能卖得好那是不可能的，我敢打赌，如果超过一百万本，我把鞋子吃下去。"这是一位脱口秀主持人针对美国前总统克林顿的夫人希拉里写的自传的辛辣评价。但没过几个星期，希拉里的自传就畅销了一百万本。

没错，主持人的确吃鞋子了。不过，鞋子的质地不同寻常，他吃下的鞋子形状的蛋糕是希拉里特意为他定做的。那味道一定棒极了，因为它里面加了一种特殊的调料——宽容。

面对主持人的嘲讽,希拉里并不是猛烈地回击他或等着看他吃鞋子,而是用一种幽默宽容的方式把这场矛盾巧妙地化解了。她因宽容而更加让人敬佩,蛋糕鞋子因宽容而更加美味可口。

"得饶人处且饶人",就是给对方一条生路,让他有一个台阶下,留一点面子和回旋的余地给对方。在占优势的情况下,放对方一马,他心里自然会感激你。争强好胜,使对方下不来台,常常会造成"两败俱伤"的后果。对于明智的人来说,就算自己能做得非常好,也绝不逞一时之强,做出使他人难堪的蠢事。

在生活中,我们只有以宽容的态度"尽释前嫌""以德报怨",才能使这个世界少一分仇恨,多一分祥和。

## 把握分寸，化指责为商量

心理学家研究表明，谁都不愿在公众面前曝光自己的错处或隐私，一旦被人曝光，就会感到难堪或恼怒。因此，在交际中，为了顾全他人的面子，当你准备把别人的过错指出来时，最好能把指责变为商量。

领导找下属谈话："今天我们探讨一下这个问题。""我觉得在这一点上你的做法似乎有些不妥。"这是对某一局部环节作强调，而不是推及全部，口气中带有商量、劝慰的味道。一般人都容易接受这样的批评，从而起到促使其正视问题、改正错误的作用。

但如果这样说："你真是屡教不改啊！""我看你这辈子是不会好了！"这样的话对听者来说，无疑是一种宣判，让人从心里接受是很难的，自然也起不到批评的作用。因此，在批评别人的时候，千万要留一点余地给别人，不要把话说得太过，否则会适得其反。

批评他人时，一定要顾及对方的感受。那种不管别人出了什么差错,都要当着众人的面给予指正的做法,除了造成被批评者的心理抵触外,对于解决问题没有任何帮助。因此,在指出别人错误的时候,也应该做得高明一些。例如,你在提醒别人时可用若无其事的方式,这样收到的效果应该会很好的。

戴尔·卡耐基认为,在与别人相处时,应该学会尊重别人,尽量不去伤害别人。几十年的研究和体验之精华,卡耐基把与人相处时避免伤害的艺术展示给了世人。

卡耐基把他与侄女之间的相处经历简单地告诉我们。几年以前,他的侄女约瑟芬·卡耐基离开堪萨斯市的老家,到纽约担任卡耐基的秘书。她那时19岁,已经高中毕业3年了,但做事经验几乎为零。而现在,她已经成了西半球最完美的秘书之一。

在刚刚开始工作的时候,在她身上还存在很多缺点。有一天,卡耐基正想批评她,但马上又对自己说:"等一等,卡耐基。约瑟芬的年纪比你小了一半,你的生活经验几乎是她的一万倍。你怎么可能希望她有与你一样的观点,你的冲劲、你的判断力——虽然这些都是很平凡的。但是,19岁时的你又做了些什么呢?还记得你那些愚蠢的错误和举动吗?"

经过诚实而公正地把这些事情仔细想过一遍之后,卡耐基获得结论,19岁时的他比现在的约瑟芬的行为差远了,而且他很惭愧地承认,他并没有经常称赞约瑟芬。

从那次以后,当卡耐基想把约瑟芬的错误指出来时,总是说:"约瑟芬,你犯了一个错误,但上帝知道,我所犯的许多错误比你更糟糕。天生就万事精通当然是不可能的,成功只有从经验中才能获得,而且你比我年轻时强多了。我自己曾做过那么多的愚蠢傻事,所以,你或任何人我都不想批评。但难道你不认为,如果你这样做的话,不是更聪明一点吗?"

卡耐基说:"如果经过一两分钟的思考,说一句或两句体谅的话,对他人的态度作宽容的了解,都可以减少对别人的伤害,保住他人的面子。"因此,当你要对他人提出批评的时候,请先冷静地想一想,应使用怎样的方法才能够既达到指出他人过失,使当事者受到教育的效果,又不会让别人伤了自尊、丢了面子。

点破别人的错误要抱有同情心。这里的同情不是要对他人的错误加以同情,而是要考虑对方得知错误后的心情,只有这样的批评才会顾及对方的心理感受。也就是说,你在点破别人的错误时一定要注意维护对方的脸面,维护他的尊严。指出对方的错误时过分地直率,往往会受到对方的抵触,这样,即使你的意见再有用,它的"效益"也难以发挥出来。因此,只有对方认识到你是站在他的立场上点破他时,才会接受你的批评并感谢你的提醒。

批评之前,要先创造一种尽可能和谐的气氛。一般来说,做错事的一方产生不自主的抵触情绪是极有可能的。即使他表面上接受,却不见得内心也赞同。所以,先让他放松下来,然后再开始你的批评,这样达到的效果会比较好。

大多数年轻的批评者，往往是把重点放在指出对方错误的地方，但是，对什么是正确的方法却无法明确地说明。有人批评别人："你这样做真是太蠢了！"这样的话让对方听了只会觉得不服和反感。如果你在指出对方的错误以后，再谦虚地提出建议，就会有截然不同的效果。

从某个角度来说，批评的目的在于使被批评者觉悟，从而使他们的行为得以纠正。正确的批评方法是，批评时注意把握好分寸，措辞严厉但不过头，给被批评者留有机会改正错误。

# 友善是征服的力量之源

法国作家拉·封丹写过这样一则寓言:

有一天,北风和南风在争论力量更大的是谁。北风说:"当然是我,你看路上那些穿着外套的行人,我可以比你让他们脱下外套的速度更快。"说着,北风首先来一阵冷风,凛冽刺骨,结果行人为了抵御北风的侵袭,大衣裹得更加严密结实了。南风则徐徐吹动,顿时风和日丽,行人因为觉得身上温暖,便解开纽扣,把大衣脱掉了。最终,南风获得了胜利。

这则寓言告诉我们,温暖胜于严寒。我们为人处世,专制、强硬的做法,对解决问题往往无济于事,有时可能还适得其反,所以,我们应该要用宽容、温和的态度来解决问题。

声名远播的律师丹尼尔·韦波斯特被许多人奉若神明。尽管他的声誉极高,但他那极具权威的辩论始终充满了温和的字眼,让人回味无穷、记忆深刻。在他的辩论中经常出现这样的词句:"这要陪审团加以斟酌""这里有些事实,相信您没有忘掉""这也许值得再深思"等。没有威胁、没有高压手段、没有强硬的言辞,也没有攻击人的论调,韦波斯特用的处理方式都是最柔和、冷静、友善的,但却不失其权威性。

温和待人、和颜悦色适用于所有的人。温和与友善不但能使两颗敌视的心缩短距离,也能感染周围的人,给大家带来愉悦。温和是一种力量,能引起心灵的沟通、情感的畅行,能驱散心中的浓雾,拂去心底的怨恨。

著名哲学家斯宾诺莎说过:"人心不是靠武力征服的,而是靠爱和宽容。"温和待人在现实生活中所体现出的力量也是巨大的。因为批评会让人不服,谩骂会让人厌恶,羞辱会让人恼火,威胁会让人愤怒,唯有温和让人无法抗拒。据说,林肯总统的办公室里挂着这样的条幅:"宽容比批评更能改变人。"指出别人的不足时,同样也应宽容别人所犯的错误。

印度民族英雄甘地在回忆自己的成长过程时说:"是父亲那宽容的态度挽救了我。"

甘地出生在一个印度教家庭,父亲是当地土邦首相。甘地从小就爱撒娇,也没有十分开朗的性格。少年时期,由于好奇,他染上了烟瘾,后来他开始偷钱买烟抽,而且越陷越深。渐渐地,他觉得自己偷别人的钱,背着父母抽烟的行为太可耻了。他觉得自己没脸见人,心里非常痛苦,甚至还想过自杀。当他终于忍受不了痛苦的折磨时,便在日记本上写下了自己的整个堕落过程,鼓足了勇气交给父亲,渴望得到父亲的严厉批评、惩罚,以减轻内心的痛苦。父亲看后,心情十分沉痛。但是,父亲深爱孩子,没有责备他,只是流下了十分伤心的泪水,久久地凝视着儿子。甘地看了父亲痛心的样子之后,更加悔恨、内疚、自责,深感辜负了父亲对自己的期望。从此,他痛下决心,彻底改正了错误。

有这样一句格言:一滴蜜汁远比一加仑胆汁更能招引苍蝇。所以,要化解冲突,请记得:态度一定要友善才行。

  1754年,率部驻防亚历山大市的华盛顿已升为上校。当时正值弗吉尼亚州议会选举议员,有一个名叫威廉·佩恩的人反对华盛顿支持的一个候选人。有一次,华盛顿和佩恩展开了一场激烈的争论,其间华盛顿失口,说了几句侮辱性的话。身材矮小、脾气暴躁的佩恩怒不可遏,挥起手中的山核桃木手杖就把华盛顿打倒在地。华盛顿的部下闻讯而至,要为他们的长官报仇雪恨,华盛顿却阻止并劝说大家心平气和地退回营地,一切由他自己来处理。翌日上午,华盛顿托人带给佩恩一张便条,约他到当地一家酒店会面。佩恩认为华盛顿会让他道歉,并提出决斗的挑战,心想一定会有一场恶斗。

  到了酒店,出乎佩恩所料的是,他看到的不是手枪,而是酒杯。华盛顿站起身来,笑容可掬,并伸出手来迎接他。"佩恩先生,"华盛顿说,"人都有犯错误的时候,昨天确实是我的过错,你已采取行动挽回了面子。如果你觉得已经足够,那么我们就握手言和,让我们做个朋友吧!"

　　这件事就这样以皆大欢喜的结局落幕。从此以后,佩恩成了华盛顿的衷心崇拜者和坚定支持者。

　　想使一个人臣服,最好的办法不是财色引诱和武力征服,而是以德服人。苏联著名教育家苏霍姆林斯基曾经这样讲过:"有时宽容引起的道德震动比惩罚更加强烈。"

　　"若你见我时紧握双拳,"威尔逊总统说,"我想,我可以保证,我的拳头会握得比你的更紧。但是,如果你来找我说:'我们坐下,好好商量,看看我们为什么会意见不同。'我们就会发现,彼此的距离并不是那么远,并非有那么多不同的观点,而且看法一致的观点反而居多。你也会发觉,只要我们带着耐心、诚意和愿望去沟通,我们就能沟通。"

　　如果你想让一个人接受你的意见,首先就应让对方觉得你十分友善,是全心为他着想。你不能强迫别人赞同你的观点,但却可以用引导的方式、温和的态度来与其沟通。

## 淡化矛盾，冤家宜解不宜结

我们生活在这个世界，不可避免地与形形色色的人打交道，也免不了会出现矛盾，发生不愉快。如果让矛盾激化，那事情就可能变得一塌糊涂，我们也可能因此失去一个朋友，多了一个敌人。最好的解决办法就是彼此宽容，和平共处。

比如，你与同事积怨已久，双方都存有戒备甚至敌对心理，都不愿主动向对方示好。这时，如果你能主动退让，或传递一个友善的信息给对方，或帮对方做一件小事，则很可能改善你们之间的关系。但是，这一步往往不容易迈出。人与人相处最难的莫过于真心诚意地相互忍让、彼此包容。遇到问题时，如果都能够宽容对方、理解对方，替对方着想，恐怕就不会出现这样或那样的不愉快，我们的人际关系也会更融洽一些。

当然，从实际情况来看，人与人之间一旦产生不愉快，彼此之间伤了感情，心灵上会留下伤疤，要做到不计较是很难的。因此，做到宽容需要当事人有足够的勇气、较高的思想修养，还要善于自己说服自己。美国第三任总统杰斐逊与第二任总统亚当斯从开始交往出现矛盾到后来的彼此宽容就是一个生动的例子。

杰斐逊在就任前夕，到白宫去找亚当斯，他希望针锋相对的竞选活动并没有破坏他们之间的友谊。但据说杰斐逊还没有开口说话，亚当斯便咆哮起来："是你把我赶走的！是你把我赶走的！"从此，两人数年间再也没有交往，直到后来杰斐逊的几个邻居去探访亚当斯，这个坚强的老人仍在诉说那件难堪的事，但接着冲口说出："我一直都喜欢杰斐逊，现在仍然喜欢他。"邻居把这话传给了杰斐逊，杰斐逊便请了一个熟悉双方的朋友传话，让亚当斯也知道他的深厚友情。后来，亚当斯给他回了一封信，两人从此开始了书信往来。

这个例子告诉我们，宽容是一种多么可贵的精神。若你想把敌人变为朋友，就得迈出宽容的第一步。当矛盾出现在你和他人之间时，你要主动示好，采取寻求和解的行动，这样才能赢得和谐的人际关系，享受幸福的人生。

不计前嫌是一种消除双方积怨的好方法。不论在同事之间，还是在亲友之间，你如果能采取摒弃前嫌的言行，不仅对化解已有矛盾、恢复和发展人际关系有帮助，而且还能为自己树立良好的形象，赢得舆论好评，营造良好的人际交往环境。

诺贝尔和平奖获得者，南非国父纳尔逊·曼德拉是一位赫赫有名的国际政坛人物。当他领导反种族隔离运动时，南非法院以密谋推翻政府等罪名将他定罪。在度过了长达27年的监禁生活后，南非政府于1990年2月宣布无条件释放曼德拉。

曼德拉76岁高龄时，在南非首次多种族大选中获胜，成为南非第一位黑人总统，就职典礼有5万人参加。就职仪式开始后，曼德拉起身致辞欢迎来宾。他先介绍了来自世界各国的政要，然后他说，虽然他对能接待如此多尊贵的客人深感荣幸，但他最高兴的是当初他在罗本岛监狱服刑时，看守他的3名监狱方人员也能到场。接着，他邀请他们站起身，分别将他们介绍给大家。

曼德拉被关在罗本岛总集中营的一个"锌皮房"，成天打石头，还做关于石灰采取的工作，有3个人专门看守他，他们对他并不友好，总是寻找各种理由虐待他。

曼德拉在就职典礼上的举动震惊了整个世界。他博大的胸襟，让那些残酷虐待他的人羞愧得恨不能找个地缝钻进去，也让到场的所有人对他产生敬佩之情。

曼德拉曾说："当我走出囚室，迈向通往自由的监狱大门时，我已经清楚，自己若不能把悲痛与怨恨留在身后，那么我就跟没出狱一样。"

人生在世，每天都要遇到很多人，包括冤家和朋友，有智慧的人只论及朋友，不把冤家当对头。因为他们知道，人生短暂，所以，在他们眼里，只有永远的利益，而没有永远的敌人。

　　宽容是一种崇高的境界。 一般来说，宽容别人关键要看自己的态度。 如果我们选择宽容，放弃仇恨的包袱，向对方绽放友善的微笑，那么，我们将收获一份感动，还可能会多了一位人生路途中的知心好友。

　　不懂得宽容的人需要先从自身找问题，他们应该记住这句话："当你伸出两根手指去谴责别人时，余下的三根手指刚好是对着自己的。"

# 主动认错，不为问题找借口

人非圣贤，孰能无过，有时甚至还一错再错。既然错误是不可避免的，那么，可怕的并不是错误本身，而是明知道错了却不愿改。

有些年轻人在工作中犯错误后，就会找出一大堆借口来为自己辩解，并且说起来振振有词、头头是道。比如，"交货迟延，责任全在企管部门""质量不佳，这都要怪质检部门工作疏忽，与我没有关系""我的工作都是依照公司的指示去完成的，错不在我"等。

也许有人认为找借口为自己辩护，就能把自己的错误掩盖，将责任完全推掉，但事实并非如此。老板可能会原谅你一次，但他心里一定会对你产生"怕承担责任"的印象。你为自己辩护、开脱不但不能改变现状，还会对今后的工作产生负面影响，让情况更加糟糕。

承认并改正错误虽然是一件好事，但终究只有很少人愿意承认错误并承担由此带来的后果。心理学家高伯特说：

"人们只会在过去的、不痛不痒的事情上'无伤大雅'地认错。"许多人是明知有错而不愿承认错误,因为他们认为承认错误很丢人。面对指责,他们在竭力地辩解,而这些辩解反过来又加深了他们的盲目自大。

那么,我们犯了错误之后应该怎么办呢?如果你犯的是大错,那么这个错误大家一定都会知道,你的狡辩只会徒增他人的嫌恶。不认错和狡辩对自己的形象有极强的破坏性,因为不管你口才如何好,如何狡猾,你不承认错误换来的必是"敢做不敢当""没担当"之类的评语。之后,领导、同事、朋友都不敢信任你,他们拒绝和你合作,不愿和你相处,你最终可能会沦为"孤家寡人"。而最重要的是,逃避错误会成为一种习惯,使你丧失改正错误、解决问题和培养解决问题能力的机会。所以,不承认错误有百害而无一利。

那么诚实认错呢?你会说,诚实认错,那不是要独担责任并付出代价吗?事实上,能承认自己错误并想办法弥补的人,别人往往能谅解他。

其实,如果能坦诚面对自己的错误,并勇敢地承认它、面对它,不仅有可能获得别人的谅解,还能让自己在今后的工作中更加谨慎,避免犯同样的错误,从而不断地提高自己的工作能力。

乔治是一家商贸公司的市场部经理。一次,他没经过仔细调查研究,就批复了一个职员为纽约某公司生产 5 万部高档照相机的报告。但相机生产出来准备报关时,他才发现那个职员早已被"猎头"公司挖走了,那批货一到纽约,就会无影无踪,货款自然也会收不回来。

乔治不能立即想出补救方法,一个人在办公室里焦虑不安。这时老板走了进来,他的脸色非常难看,想质问乔治事情的缘由。还没等老板开口,乔治就立刻向他坦诚一切,并主动认错:"这是我的失误,我会想尽一切办法挽回损失。"

老板被乔治的坦诚和勇于认错并担负责任打动,原谅了他,并拨出一笔款让他到纽约去考察一番。经过努力,乔治联系好了另一家客户。一个月后,这批相机被转让了出去,价格还高于之前那个职员在报告上写的,乔治的努力得到了老板的嘉奖。

你主动承认错误,体现了你的勇气与责任感。对于自己的缺陷或者错误,在别人批评之前,你先主动承认,往往能赢得对方的好感与信任。

所以,当我们有理的时候,我们就要试着温和地、有技巧地使对方认可我们的观点;而当我们做错了的时候,我们要主动而真诚大方地承认。

## 有所保留,好事不要做尽

人际交往要有所保留,初入社交圈的年轻人常犯错误之一就是"好事一次做尽",以为自己全心全意为对方做事才会令关系融洽、密切。事实上并非这样,因为人不能一味接受别人的付出,否则会产生心理不平衡感。帮人时,"过度投资"会给人压力,若你把好事一次全部做完,使被帮助的人感到无法回报或没有机会回报,愧疚感就会让受惠方远离你。

人际交往中,如果只能满足对方某种需要,那么双方关系维持起来就比较困难。在卡耐基成功人际交往思想中,很重要的就是要遵循心理交往中的功利原则——这一原则是建立在人的各种需要(包括精神的、物质的内容)的基础上,即人际交往是满足人们需要的活动。

心理学家霍曼斯早在1974年就曾经提出,人们之间的交往是一种社会交换,这种交换同市场上的商品交换所遵循的原则是一样的,即人们都希望在交往中得到的不少于付出的。

向一个人伸出热情之手，无私地帮助别人的时候，关键是不能让对方感到伤了自尊。帮助一个人，要体现自己的好意，同时要了解对方是不是真的需要帮助，不然的话你的帮助就是多余的。

每一件事都有一个度，都讲求恰到好处。给人帮助也是如此，太多、太随便都可能是好心办坏事。助人可以给人心灵以温暖，但如果忽略对方的心理感受，也可能会深深地伤害别人。

一个商人在街头看到一个衣衫褴褛的铅笔推销员，顿时对他产生同情。他把一元钱塞到那人怀中就走开了。

走了没几步，商人好像听到有人在大喊，他回头一看，只见那个卖铅笔的人红着脸冲自己大声说："你为何不由分说给一个健康的推销员一元钱？"商人赶忙折转身来，从卖铅笔人的摊位上拿起几支笔，语带歉意地解释道："对不起，我忘了取铅笔了，希望你不要介意。"卖铅笔的人说："你我都是商人，我卖东西，而且有明码标价。你给我一元钱，为何不愿意拿铅笔呢？你是不是瞧不起我，认为我是一个需要人怜悯的小贩？"商人连连说"对不起"，然后离开了。

一眨眼，几个月过去了。在一个社交场合，一位穿着整齐的人与商人握手后，双手递上名片，自我介绍说："您可能已经不记得我了，我虽然不知道您的名字，但我永远忘不了您。是您伤了我的自尊。我一直不认为自己是乞丐,即使您跑来给了我一元钱,我仍告诫自己:我是一个商人!"商人听了,尴尬地笑了笑。

由此可见,给人帮助,要给得恰到好处。若不能掌握详细情况,便胡乱给人帮助,给得好了皆大欢喜;给得不好,触了霉头,对自己、对别人都会造成伤害。所以,我们要为自己和他人保留余地。这样,才可以避免一些伤害别人的事情发生。

人际交往要有所保留,留有余地,做好事不能一步到位,这是平衡人际关系的重要准则。

比如,给别人送的礼无须太重。因为当你送给对方很重的礼物时,或许有事相求,或许希望得到更贵重的东西。而对方也不会轻易地收下你的厚礼,他也在猜测:你到底打什么主意?收下这些礼物是否会给自己带来麻烦?当你刚与对方认识就送许多礼物给对方,然后请求他帮你办事,很明显你是在用这些东西来与他做"交易"。他即使收下,马上为你办事的可能性也不大。在这种情况下,送礼者与收礼者心里都不舒服。

当你无求于对方时,才真正是礼轻情义重。你送给别人礼物,仅仅是为了进一步加强彼此之间的友情,并没有其他额外的意思。当对方生病时,去安慰关心,这时你送的礼物虽小,对方却能欣然收下。

所以,当你在给别人送礼时,你要认真思考、评估你与对方的关系如何?送什么样的礼物不会让对方觉得你太过唐突?送什么样的礼物能比较好地维持双方关系?而不是一味地送重礼。

同理，若你想为别人提供帮助，而且想和别人维持长久的关系，那么不妨适当地给别人一个机会，让对方有所回报，避免对方因内心压力而疏远了双方的关系。而"过度投资"，不给对方喘息的机会，就会让对方的心灵窒息。

所以，在帮助别人的时候，我们要讲究方式，要掌握一个度，不轻给，不滥给，这样可以维护别人的自尊心。

## 路径窄处留一步，与人行

"为善之端无尽，只讲一让字，便人人可行"，古贤之语揭示了退让的真正内涵。当你同别人发生矛盾并相持不下时，你应该学会退让。这并不意味着你丢失了应有的尊严，相反，你不仅化解了矛盾，同时又埋下了宽容与大度的种子，别人会在心中敬佩你、尊重你。

宋朝的富弼教训子弟说："这个忍字，是众妙之门。若已奉行清廉和节俭，再加上容忍，有哪一事办不好呢？"

富弼处理事务时，每一件事都要反复思考，因为太过小心谨慎，就有人批评他、攻击他。一次，他毫无缘由地被人骂了。有人告诉他："有人在骂你。"富弼听后回答说："大概是骂别人吧。"那人继续说："是指名道姓地骂你，怎么会是别人呢？"富弼想了想回答说："恐怕有人跟我同名同姓吧。"后来，因误解而骂富弼的人听后惭愧不已,赶紧找机会向富弼道了歉。

忍让蕴含在包容的力量里。《菜根谭》中讲:"路径窄处留一步,与人行,此是涉世一极乐法。"其实给别人留余地,等同于留余地给自己。 不让别人为难,不让自己为难,这就是让三分、留余地的妙处,也是人际交往的良方。

在日常生活及工作中,难免会发生矛盾,出现这样或那样的失误与差错。 遇到这种情况,有的人用恶毒的语言攻击对方,针锋相对,甚至是大打出手,结果两败俱伤。 其实,要想化解矛盾,当事双方就应该设身处地替对方着想,主动承担责任,说一声"对不起"。 这样,才能化干戈为玉帛。

美国总统林肯的许多事迹世代被人们传颂,他的伟大功绩获得了人们发自内心的敬仰。 但他在成长道路上也曾因为爱得罪人而吃了不少苦头。

林肯年轻的时候,不只是批评他人,还写信作诗挖苦别人,并把那些信件丢在别人必定会发现的路上。其中有一封信所激起的怨恨差点毁掉他的一生。

1842年秋天,林肯在《斯普林菲尔德报》发表了一封匿名信,讥讽了以自负好斗出名的詹姆斯·史尔兹一番,让镇上的人狂笑不已。史尔兹是个敏感而骄傲的人,气得怒火中烧。他查出写那封信的人是林肯之后,便去找林肯,提出要跟他决斗。林肯并不想跟他决斗,但又不得不为了脸面而决斗。对方给林肯选择武器的自由,因为他的双臂很长,于是选择了骑兵用的长剑。决斗的那一天,他和史尔兹在密西西比河的一个沙滩碰头,准备决斗至死方休。但是,在最后关头,这场决斗被及时阻止了。

这次事件,在如何做人方面,给林肯上了重要的一课。此后,他再没有写过一封侮辱人的信件,再也不嘲笑他人了。从那时候起,他几乎没有为任何事批评过任何人。

一个人经历一次包容,就会获得一次成长的机会;经历一次忍让,将会有一道爱的大门为其打开。

PART 03

不张扬，不轻狂，
就会受人欢迎

## 君子应聪明不露，才华不溢

在现代社会，人们仿佛做任何事都追求轰轰烈烈，张扬已经成为一种时尚。然而，纵观古今，那些取得成功的人，更多地表现出一种低调的处世原则。

有人认为，有锋芒是好事，是事业成功的基础，在适宜的场合稍显锋芒非常有必要。然而，锋芒可以刺伤别人，也会刺伤自己，所以应小心使用。所谓物极必反，过分外露自己的才华只会导致失败。锋芒毕露既不能使事业成功，还可能使自己丢掉"身家性命"。

西汉文学家贾谊，少年得志，得到汉文帝的赏识。每次朝堂议事，诸老臣都不能回答，只有贾谊侃侃而谈。于是汉文帝很高兴，破格提拔，甚至一年内连升几级。

随后，平步青云的贾谊提出了一系列改革主张，却没想到，这种不顾他人意见的做法，遭到了灌婴、周勃等大臣的嫉恨。结果，他们常常在汉文帝面前中伤贾谊。

于是，汉文帝渐渐地疏远贾谊，不再采纳他的建议。后来，贾谊被贬谪为长沙王太傅，最后郁郁而终。

其实，贾谊的人生悲剧是因为他不懂得适时隐藏自己的锋芒，在时机没有成熟的情况下就将自己的志向和本领暴露出来，从而招来他人的嫉恨导致的。

古人云："君子要聪明不露，才华不逞。"如果说一个人总是喜欢锋芒毕露，表现自己的优秀，那么他可能会经历更多挫折。在现实生活中，做人应当适当收敛，以避开一些明枪暗箭。

在错综复杂的社会里，时机未成熟或环境不利时，故意或者无意地炫耀才能不仅会让别人嫉恨自己，还会让人觉得自己很轻浮。"才华须隐"不仅仅是一种生存方式，也是一种竞争的方式。

经过几轮面试和笔试，于洋和舒丹应聘到一家大公司的行政部门，两人要经过三个月的试用期，才能决定谁最终能留下来。于洋自我感觉非常好，本科学历，为人大气，有很好的口才和较强的反应能力，综合能力比较强。再看舒丹，不善言谈，在人际交往时而还稍带羞涩。

于洋每天风风火火，工作完成得也很出彩，有时对领导的决策也会提出自己的看法。于洋还特别喜欢对外联络工作和企业大型文体活动的组织工作，与其他部门相处得也不错，可以说是在各个方面表现得都很优秀。

舒丹的表现就比于洋逊色多了,做事悄无声息,不声不响地就把事情做完了,安静得让人感受不到她的存在。

一次,行政总监召集行政部门开会。会议过程中,当他问到关于策划企业年终大会活动的要点时,还没等主管发言,于洋就忍不住表达出了自己所有的想法,并表示这些想法已经和人事部门的负责人做了交流。

又一次,主管不在,于洋在收到某部门对发布的行政管理条例的反馈信息时,就径直把意见告诉了行政总监,然后由行政总监传达给主管。主管很生气,责怪助理没有及时将信息报告给自己,于洋坐在一边不敢说话。

3个月后,领导最终宣布人事任命,留下的却是那个做事安静的舒丹。于洋听到这个消息惊傻了,自己怎么会被淘汰了呢?

"木秀于林,风必摧之;行高于人,众必非之。"每一个年轻人都会存在这样的问题:到一个新工作环境后,他们都急着将自己的才能与实力显露出来,盼望尽快得到他人的认可甚至是刮目相看。因而表现得急于求成,每件事都要争先,有时动不动还要来个"抢跑"。但是,过早地掀起和卷入竞争,也会造成后期的被动和不利。

你如果太急于表现,这样会早早地卷入升迁竞争之中。而升迁之争存在的一个普遍规律便是淘汰制,这就意味着你有可能会被淘汰。况且,有时的淘汰可能是一种不讲公平的利益交换。过早地卷入,可能会让你成为无辜的炮灰。

年轻人初来乍到,必然根基不稳,虽长势很旺,但抵不住狂风暴雨的摧残。 在职场上,喜欢锋芒毕露和炫耀自己才能的人是不聪明的。 这种人往往会因为狂妄自大而树敌太多,以致难以有进一步发展提升的机会。 这种锋芒好比额头上长出来的角,如果你不想办法自己磨平,时间久了必会被人折断,那时候你将遭受严重的损失和伤害。

## 适度示弱是为了图强

人际交往中,年轻人都习惯于将自己坚强的一面展示给他人,自然地想掩饰脆弱的一面。但是,研究社会心理学的专家指出:在他人面前适当示弱,是一种坦诚与接纳的态度,会让别人产生想接近你的想法,可以很快拉近双方的距离。

其实,一种心态支持一种行为。试想一下,一个人在生存竞争中处于劣势,他可能会嫉妒处于优势的人,甚至产生报复心。如果处于优势的你能够收敛锋芒,适度示弱,是不是会让你周围处于劣势的人好受一些呢?所以,偶尔表现自己弱的一面,未尝不是一件好事。

有一位管理学院的领导颇懂"示弱"之道。他初任系主任的时候,一位很有才能的同事经常找碴,出他的洋相,但他没有针尖对麦芒,而是主动示弱。他亲自登门找这位同事交谈,真诚地说:"我不管是在教学上,还是管理上,都缺乏经验,主持系里的工作,都是赶鸭子上架,还望你尽力帮助。"他抬高别人贬低自己,主动示弱,收到了良好的效果。后来,那位同事不仅不再为难他,反而成了他的左膀右臂。

对妒恨自己的人,不但不能以牙还牙,反而要以德报怨,这是化解嫉妒的一步妙棋。

示弱是强者在感情上体贴其他弱者的一种有效手段,它能使你身边的弱者有所慰藉,心理上得到平衡,减少或抵消你前进路上可能存在的障碍。

有一个初入职场的年轻人,总向一位朋友抱怨他们的领导,说自己对工作非常投入,可领导就是不肯定他,反而在开会时常常有意暗示有些年轻人"翘尾巴",他认为领导是有意为难他。

朋友问他:"平时你的桌面整洁吗?上班迟到过吗?"他回答:"从来没有迟到过,我上学就是三好生,在家也是好儿子,我从来没有被大人、老师批评过,我对自己要求特别严。"

"这就是你的错了!"朋友笑道,"你看你,平时工作认真,能力较强,业绩突出,在细节上也没问题,那不就是暗示领导你最强吗?"

他百思不解:"难道表现好也有错吗?"

"非也,"朋友说,"原则问题一定要过硬,但你若处处都无可挑剔,那又怎么能突显别人的能力呢?又怎么来显示领导的作用呢?因此,你工作上要做好,但也要偶尔展示自己的弱点与不足，让领导指出来，这才是聪明的做法。"

次日，他没有收拾桌面，领导走过来，点了点桌子，暗示他要学会整理桌面，他好像恍然大悟的样子，即刻收拾。再后来，他学会了请示，即使已经知道下一步做什么，也会拿着文件敲领导的门，让领导先过目。他甚至会故意在文件上打错几个字，有意让领导用红笔圈出来……年底，他终于得到了提升，领导也越来越赏识他了。

为了取得事业的成功和竞争的胜利，当然不能轻易以弱示人。但在特定情况下故意示弱，却是我们应该修习的功夫。当你处于优势时，故意展示自己的弱点和不足，就会减轻嫉妒者的心理压力，让其产生一种"哦，他也和我一样无能"的心理平衡，从而淡化甚至避免别人对你的嫉妒。

要使示弱产生积极效果，必须慎重选择示弱的内容。地位高的人在地位低的人面前，不妨展示自己学历不高、经验有限、有过种种曲折难堪的经历等，表明自己也不是一直都很成功。成功者应多在别人面前述说自己的失败经历、现实的烦恼，给人以"成功者并非万事大吉"的感觉。对眼下经济不如自己的人，可以适当诉苦，诸如健康欠佳、子女学业不好以及工作中遇到的诸多困难，让对方感到"他也有一本难念的经"。精通某一专业的人，最好表示自己对其他领域一窍不通，袒露自己在日常生活中闹过的笑话、受过的窘迫等。至于那些完全因客观条件或偶然机遇侥幸获得名利的人，更应该大方地直接承认自己是"瞎猫碰到死耗子"。

例如，你是刚走出大学校门的新教师，对最新的教育理论有较深的研究，讲课亦颇受同学欢迎，以致引起一些任教多年却缺乏这方面研究的老教师的强烈嫉妒。这时，你若开诚布公，突出自己教学经验不足、对学校和学生的情况很不熟悉等劣势，再辅以"希望老教师们多多指教"的谦虚话，无疑会达到淡化自己优势、抬高对方地位的良好效果，这样有助于弱化老教师对你的嫉妒。

## 深藏不露,韬光养晦

很多年轻人都信奉一句话:"做真正的自己。"于是在生活中,许多人都会把自己的情绪外露出来,开心就笑,不开心就哭,烦躁的时候就发脾气。别人对他好的时候,他也对别人好。别人对他坏的时候,他对别人更坏。这些做法,可能会使你陷入泥沼。

你不掩饰自己的情绪,所以周边的人都知道怎么调动你的情绪,他们可以轻松让你笑,让你哭,甚至让你去对着上司发脾气。你毫不掩饰你待人接物的方式,别人就能循着这些规律,让你待他好,而他却可能在暗地里针对你。

那么,为何会出现此种情况呢?因为现实社会中,"没有永远的朋友,只有永远的利益",其他人和你都是竞争对手关系。若你表现了真正的自我,就会露出破绽,让人有可乘之机。唯有掩饰自己的情绪,喜怒不形于色,才能深藏不露,韬光养晦。

第二次世界大战之后，吉田茂出任日本首相。吉田茂的贵族意识非常浓厚，有一股"舍我其谁"的气魄，显得过分自负。

1953年2月，日本国会进行当年预算审议，一位右派民主社会党议员西村荣一质询时首先发难："首相施政演说中以如此乐观心态面对国际形势，为什么？"吉田茂答道："目前战争危机已远去，英国的丘吉尔首相、美国的艾森豪威尔总统都如此说过，我也赞同。"西村荣一又咄咄逼人地说："我不管英国首相或美国总统的意见。"吉田茂傲然回答："我是以日本首相大臣的身份答询的。"这时，吉田茂已经有些烦躁了，西村荣一却是步步紧逼，再以言辞激怒他："你不要得意忘形！"吉田茂也回敬说："你不要口出狂言！"如此针尖对麦芒，一来一往，吉田茂在情急之下，冒出一句"无礼者，马鹿（混蛋）"的骂人话。西村荣一当然不能接受，要求吉田茂将刚才的怒骂收回。一时，会场的气氛异常紧张。吉田茂总算识大体，强压住怒气，当场表示言语不妥当。

但西村荣一并没有就此打住，他抓住吉田茂的失误，乘胜追击，发动了"吉田首相惩罚动议"，并获得众议院通过。这是日本政治史上第一次出现"惩罚"首相的临时动议，可以想象对吉田茂的打击有多大。12天之后，在野党乘机提出"内阁不信任案"，也获众议院通过。吉田茂只好随即解散了众议院，不久就下台了。这就是有名的"马鹿野郎解散"事件，它也成为吉田茂政治生涯中一大憾事。

人应该学会保护自己，做到喜怒不形于色。如果你的喜怒哀乐表达失当，有时会在不经意间招来祸事。因此，为了保护自己免受伤害，我们一定要学会控制自己的情绪，不要轻易把自己的情绪表露出来，以免使自己受伤或得罪别人。

无论何人，或多或少都有察言观色的能力，他们会根据你的喜怒哀乐来调整和你相处的方式，进而顺着你的喜怒哀乐来为自己谋取利益。你可能会在不知不觉中，已被别人掌控了意志。因此，智者一般都会控制自己的情绪，以免被人看破弱点，给人以可乘之机。一个人越是精于权术，城府便越深。

清代重臣曾国藩，深谙龙蛇屈伸之道，他不仅常常检点自己的言行表现是否恰当，而且对其僚属中有随时表现喜怒哀乐倾向的人及时教诲。

曾国藩做两江总督时，李鸿章来到他的幕府中。曾国藩特别钟爱他，像对儿子一样看待他。一天，李鸿章翻看茶桌上的文本，看到一位老儒写的一首诗，诗文后边有这样一段话："使吾置于妙曼娥眉之侧，问吾动好色之心否乎？曰不动。又使吾置于红蓝大顶之旁，问吾动高爵厚禄之心否乎？曰不动。"李鸿章看到这里，拿起笔在上面戏题道："妙曼娥眉侧，红蓝大顶旁，尔心都不动，只想见中堂。"写完搁笔出去了。曾国藩看到了所题的文字，找到李鸿章，对他说："这些人都是些欺世盗名之流，言行一定不会一致，我也是知道的。然而他们所以能够获得丰厚的资本，正是靠的这个虚名。现在你一定要揭露他，他没有了衣食的来源，那他对你的仇恨，岂是平常言语之间的仇怨可比的，这里边就隐伏了杀身灭族的大祸。"李鸿章接受了教诲，从这以后便收敛自己，不敢再肆无忌惮地讲话了。

　　要把喜怒哀乐藏在口袋里，不要轻易展现在别人面前。换句话说，不轻易表露自己的观点、见解和喜怒哀乐，即为"深藏不露"。 在复杂的社会环境中，你若不想招致灾祸，一定谨记"深藏不露"的原则。 也就是说，不乱发议论，不显露你的企图，不结党结派，不让别人窥出自己的底细和实力，如此对手就很难抓住你的把柄了。

　　在人际交往中，要时刻保持警惕，不要随意表现自己的情绪，不让自己的喜怒哀乐成为别人利用的对象。

## 避免炫耀,少谈自己得意之事

不可否认,年轻人都希望展现自己美好的一面,但前提是你所表现的美是真实的。刻意的自我表现会使热情变得虚伪,自然变得做作,最终达不到你想要的效果。很多人在跟人聊天时,总喜欢以自己为中心,凸显自己,这不是明智之举。

有些人总以为自己比别人优秀,事事比别人强。于是,他们总喜欢把得意挂在嘴上,逢人便炫耀自己多么能干,多么富有,总以为这样就能得到别人的敬佩与欣赏。而事实上,别人并不愿意听他的得意之事,这些自我夸耀在别人眼里是非常可笑的。

吴晓宁最近升职了。在一次朋友聚会上,他很想把这个好消息告诉大家。而且,他与另一个朋友同为候选人,最终结果是他赢得了这次机会。所以,他极想告诉大家自己的成功与那位朋友的失利。可话到嘴边,他隐隐觉得有个声音在说:"不,千万别说!"于是他淡然面对此事,只在朋友问起时,他才简单告诉大家自己升职了,未提及另一个朋友的事。他没有极力炫耀自己的成功,却仍然感觉到内心的喜悦与满足,他的谦逊也让大家倍感钦佩。

可见,在展示自我时,最忌侃侃而谈自己的得意之事,切勿因自己的言行使其他人心理失衡,产生不快,以致对双方关系产生影响。

随意自夸、口无遮拦几乎是每一个骄傲自满者的毛病。这种致命的弱点不仅暴露了自己内心的虚荣与轻浮,而且会使自己身边的人心怀不满或恼恨不已。试想,如果别人的不快是由你导致的,你还会得到好处吗?

你的夸夸其谈只会让你的领导、同事、朋友觉得你狂妄自大、人浮于事、骄傲虚荣,他们怎会放心把事情交给你来处理?如果你的身边有人对你的炫耀耿耿于怀,他们可能会以各种各样的方式宣泄自己的情绪,例如,说你坏话、扯你后腿、故意与你为敌,或者疏远你,这将不利于你人际关系的发展。

纽约市一个区人事局最有人缘的工作介绍顾问是亨丽塔,但是她刚来时的情况并非如此。在初到人事局的几个月当中,亨丽塔在同事之中甚至没有一个朋友。为什么呢?因为每天她都使劲吹嘘她的得意事,如工作介绍上的成绩,新开的存款户头,以及她所做的每一件事情。

"我工作做得不错,并且深以为傲,"亨丽塔对拿破仑·希尔说,"但是我的同事不但不同我分享成就,而且还极不高兴。我渴望这些人能够喜欢我,我真的很希望同他们做朋友。在听了你的忠告后,我开始少谈我自己而多听同事说话。他们也有很多事情要吹嘘,他们也希望能把他们的成就告诉我,对此他们非常高兴。现在,当我们有时间在一起闲聊的时候,我就请他们把他们的欢乐告诉我,好让我一起分享。只在他们问我的时候,我才谈一下自己的得意事。"

人际交往中,你的一言一行都应将对方的感受考虑进来,学会安抚对方的心灵,不要由于自己的原因让对方心理不平衡,给对方造成伤害。

人在顺境时最易忘乎所以、失去警惕,这样常常会吃苦头。人处逆境时则容易意志消沉、自暴自弃,失去前进的动力。所以,做人贵在坦然面对得与失,要做到得意时不忘形,失意时不失态。

英格丽·褒曼在获得两届奥斯卡最佳女主角后,又因在《东方快车谋杀案》中的精湛演技获得最佳女配角奖。然而,在领奖时,她对与她角逐此奖的弗伦汀娜·克蒂斯推崇备至,认为真正获奖者应该是对方,并由衷地说:"原谅我,弗伦汀娜,我事先并没有打算获奖。"

褒曼作为获奖者,并未对自己的成就与辉煌侃侃而谈,而是对自己的竞争对手推崇备至，极力维护了落选对手的面子。一个人能在获得荣誉的时刻，如此善待竞争对手，可算是一种风度。

人的天性是表现自我。明知不可谈得意之事，但却要情不自禁地大谈特谈，这是不明智的行为。当然，一点也不谈得意之事也许不可能，但不妨谈得艺术一点。至少在别人未谈得意之事之前，自己也不要谈，更不要大谈特谈，简单几句话带过就可以了。

## 大巧若拙,不要过分表现

一般来说,人性都是"喜直厚而恶机巧"的,而一个人若胸怀大志,要达到自己的目的,没有机巧权变,又绝对不行,尤其是他所处的环境并不是自己期望的那样时,就不得不弄机巧权变,但又不能为人所厌恶,所以,就有了鹰立虎行、如睡似病、藏巧用晦等多种为人处世的方法。

"性有巧拙,可以伏藏。"也就是说,制胜的关键是善于伏藏。 一个不懂得伏藏的人,即使能力再强、智商再高,也不能轻易战胜对手,甚至还会招来杀身之祸。 而伏藏又可分为两种层面:一种是藏拙,这是一般意义上的伏藏,也是最常用的,即藏住自己的弱点,不给对方抓住把柄的机会;另一种是更高明的——藏巧。

保存你的能量是藏巧的一种形式。 在大多数情况下,才不可露尽,力不可使尽。 即便有知识和能力,也应适当地保留,不可显得太聪明。

汉高祖时，吕后采用萧何之计，杀了韩信。汉高祖正带兵征剿叛军，听到消息后派使者还朝，封萧何为相国，加赐五千户，再令五百士卒、一名都卫护卫相国。

百官都向萧何祝贺，唯有陈平例外，他私下对萧何说："大祸由现在开始了。皇上在外作战，您掌管朝政。如今淮阴侯（韩信）谋反被诛，皇上心有余悸，同时对您也产生了怀疑。我劝您辞掉封赏，献出所有家产去帮助作战，这才能打消皇上的疑虑。"

萧何依计而行，变卖家产犒军，汉高祖果然很高兴，也消除了疑虑。

这年秋天，黥布谋反，汉高祖御驾亲征，此期间派人打听萧何的情况。回报说："正如上次那样，相国正鼓励百姓变卖家产帮助国家打仗呢。"

这时有个门客对萧何说："您不久就会被灭族了！您身居高位，功劳第一，便不可再得到皇上的恩宠。可是自您进入关中，百姓一直深深拥护您，如今已有十多年了，皇上数次派人问及您的原因，就是害怕关中百姓太拥戴您。现在您何不多买田地，少抚恤百姓，来自损名声呢？皇上也就放下对您的戒心了。"

萧何认为有理，又依此计行事。

汉高祖得胜回朝，有百姓向其诉说相国的不好。汉高祖不但没有生气，反而高兴异常，也没对萧何进行任何处分。

一个人，尤其是一个自认为才华横溢前途无量的人，要学会适时藏巧，这样能有效地保护自己。 凡事不要太张狂外露，这不仅是有修养的表现，也是生存发展的策略。

要知道，年轻人一旦进入职场，就不再是校园里有个性少约束的大学生了。 在学校时，若你真的才华横溢，你的同学大多会很大方地夸赞你是"才子"，而当你身处职场时，即使你再有能力，你的同事大多不会发自内心地称赞你。 为什么会这样？ 理由很简单：在学校，你的才华大多不会涉及到别人的利益，而在同一单位，你有能力，表现突出，你的同事就大多处于弱势了，那么，他们的利益等就会受到你的表现的影响。 所以，锋芒太露的人必然会遭嫉妒。

陈先生在学校读书时，已是一员"狠将"，不怕同学、不怕师长，自认为高人一等。初入社会，还是那样狂妄自大，结果得罪了许多人。不过，他觉悟很快，一经好友提醒，便连忙负荆请罪，虽然消除了不少嫌怨，但最终还是遭受了挫折。俗语说，久病成良医，陈先生在受足了痛苦的教训后，才明白锋芒太露的后果，就是自己为自己的前途安排了荆棘。

要明白，言行锋芒太露是一个危险的陷阱，而且这个陷阱是我们自己亲手挖掘的。

所以，在职场上做什么事情都不要过分表现，适当表现一下，可以给领导和同事留下良好的印象，但是一定要做得恰到好处。 世上每个人皆需依赖良好的人际关系才能生存，只有在和谐平衡的情形下，方能向前发展。 不要急着表达自己的看法,更不要越位。要让领导、同事消除戒心,要懂得保护自己,学会藏巧等待机会,切忌以自我为中心。

《菜根谭》中有云:藏巧于拙,用晦而明,寓清于浊,以屈为伸。意思是:把思想隐藏在平凡之中,用谦虚来掩盖自己的锋芒,在浊流中保持不染的高洁,以后退当作前进的步伐。所以,我们要学会藏巧,不要过分表现自己。

# 成全别人的好胜心

成全别人的好胜心，会让别人更加喜欢你，这样你才可能赢得良好的人际关系。这其实很容易做到，只要你偶尔暴露一些无关紧要的弱点即可。

同学们对一位新来的老师存有好奇与畏惧心理。因此，这位老师故意在课堂上说："我的字写得不好看，小学时我的书法都没考过60分，因此，我特别害怕在黑板上写字。"老师博得学生一笑，为的是尽快将师生之间的距离拉近。有时，她也会说："如何，我的衣服漂亮吗？"学生就会暗暗在心里想："这老师真有趣，竟注意这些小事，可见老师也是凡人。"学生面对她不紧张了，便对她产生了亲切感，此后这位老师上课时效果特别好。

同样的，在人前演讲时，在麦克风前打喷嚏、站不稳，有意表现些小失误，都能缓和原来紧张的气氛。听众们听到有头衔的大教授时往往会持有戒备,但是看到他们的小失误后,心里便会想:"原来大教授也会有一些小失误呀!"于是就产生了一种亲切感。

人人都有自尊心,人人都有好胜心,年轻人若要与他人联络感情,切忌忽略对方的感受。因为要重视对方的自尊心,所以必须小心藏好你的好胜心,成全对方的好胜心,这样既让对方感到高兴,你也能赢得友谊。

法沃尔斯基是苏联的写生画家,被誉为"苏联人民艺术家",是他首创了现代木刻艺术学校。法沃尔斯基的作品有含义隽永、形象鲜明的特点,在木刻艺术上更是鬼斧神工,曾于1962年获得列宁金奖。

然而,每当法沃尔斯基给一本书画完插图后,他总是在一幅画的角上画上一只毫不相关的狗,毫无疑问,美术编辑一定要去掉那只狗。而法沃尔斯基却固执己见,与美术编辑争论不休,非要保留这只狗。当争论达到白热化阶段时,法沃尔斯基做出了让步,把画面上的狗涂掉。到了这个地步,一般来说,美术编辑就没有愤怒了,绝不会再提出什么别的要求。因为美术编辑的自尊心得到了维护,也就心满意足了。但更满意的是法沃尔斯基本人,他的巧计成功了——画的出版形式是他拟定的。如果没有那条用作诱饵的狗,美术编辑还说不准怎么改画呢!

善于处世的年轻人常常故意表现一些小失误,让人一眼就看见他"连这么简单的都搞错了"。这样一来，尽管他出人头地，木秀于林，别人也会亲近他，这就缩短了他与别人之间的距离。

小焦在某钢厂机关宣传处工作，一天，处长让他整理一个劳动模范的先进事迹。据知情人士透露，这其实是一次考试，它将关系到小焦能否在机关中继续待下去。本来这样的材料，小焦并不感到为难，但有了无形的压力。花了一个通宵，写好后反复推敲，后又经过工工整整的抄写，第二天一上班，小焦就把它交给处长审阅。

处长当然高兴，文稿完成得快，字又写得遒劲、悦目，而且在内容、结构上也无可挑剔。可是，处长越看笑容越紧。末了，他把文稿退回，让小焦再认真修改修改，满脸的严肃，真叫人搞不懂出了什么状况。小焦转身刚要迈步，处长像突然想起什么似的说："对，对，那个'副厂长'的'副'字写错了，是'副'而不是'付'，改过来，改过来就行了。"这么简单！处长又恢复了先前高兴的样子，一个劲儿地夸道："写得快，不错。"考试自然过关，从此处长更加赏识小焦！

显然，从这件事中，我们可以得出这样的体会：处理领导交办的事情时，一定不要做得太完美。因为如果你把事情处理得过于圆满而让人挑不出一点毛病的话，那么就无法显示领导比你高明的地方，当领导的就会有"功高盖主"的感觉。

如果换一种做法，对于领导交办的事，你很快就处理好了，你的领导首先会对你旺盛的精力感到吃惊。因为快，所以你不一定能很完美地完成任务，这时领导会指点一二，由此来表现他高你一筹。这就好比把主席台的中心位置给领导留着，单等着他做指示。因为出了点差错，同事们或许也不会觉得你有任何特别之处，这就等于是在感情上容纳了你，你们之间的关系将会更融洽。

## 出让优越感，收获亲近感

日常生活中很容易找到这样的年轻人：他们虽然思路敏捷、口若悬河，但一说话就令人感到狂傲，他们的观点或建议令人难以接受。这种人多数都是喜欢表现自己，总想让别人知道自己很有能力，处处想体现自己的优秀，以为这样能获得他人的敬佩和认可，结果却往往适得其反。

有的人做出了点成绩，总是在同事面前谈论，借此来抬高自己，贬低别人，以显示自己的优越性。这种做法是最愚蠢的。有德行的人能做到隐藏自己的聪明，不显示自己的才华，只是埋头认真做好自己的事情。

老子曾说过："良贾深藏财若虚，君子盛德貌若愚。"意思是说善于经商的人会把货物隐藏起来，好像什么东西也没有，君子品德高尚，但从外表上看却略显愚笨。这句话告诉人们，必要时要藏其锋芒，收其锐气，不可将自己的才能让人一览无余。

当年乔丹在公牛队时，皮蓬是队里最有希望超越乔丹的新秀。他时常流露出一种对乔丹不屑一顾的神情，还经常说乔丹某方面比自己差，自己一定会把乔丹推倒一类的话。但乔丹没有把皮蓬当作潜在的威胁而排挤，反而处处鼓励皮蓬。

有一次，乔丹对皮蓬说："我俩的三分球谁投得好？"皮蓬漫不经心地回答："你明知故问什么，当然是你。"那时乔丹三分球有28.6%的成功率，而皮蓬是26.4%。但乔丹微笑着纠正："不，是你！你投三分球的动作规范、自然，很有天赋，以后必定会表现很好，而我投三分球还有很多弱点。"他接着又说："我扣篮多用右手，习惯地左手帮一下忙，而你，左右都行。"这一细节连皮蓬自己都不知道，他被乔丹的无私所深深感动。

从那以后，皮蓬和乔丹建立了深厚的友谊。而乔丹这种无私的品质则为公牛队注入了难以击破的凝聚力，使公牛队不停地创造奇迹。

在交往中，任何人都希望别人能肯定自己，都在不自觉地、强烈地维护着自己的形象和尊严。如果一个人的谈话对手过分地显示出高人一等的优越感，那么会是对此人自尊和自信的挑战与轻视，会使其产生排斥心理乃至敌意。因此，我们对自己的成就要轻描淡写。

即使你比对方优秀，你也要收敛自己的傲气，让同事心情舒畅，这样才能保持和谐的关系。

你的张狂自负，会令身边的人因此而讨厌你，你的人际关系将会变得非常糟糕。尤其是初入职场的年轻人，更要注意谦虚谨慎，在工作中不要过分显露自己的才干，不要过分地炫耀自己。

PART 04

懂人情，通世故，
让你的社交更有效

## 推己及人,增强自身吸引力

很多年轻人都有这样的愿望:我真希望能有很多的朋友,能成为一个受人欢迎、为人所乐于亲近的人。 其实,这个愿望并不难实现。 如果你能在言谈举止中对别人表现出关爱与友善,那么,你自身的吸引力会在不知不觉中大增,你就如同磁石一般,会吸引众多的朋友。 朋友多了,自然能处处得到他人的扶助。

吸引他人最好的方法,就是要关心他人的事情。 但不要过于做作和刻意,必须是真诚地关心。 在谈话和做事的过程中,我们要多表扬他人的长处,而不揭他人的短。 关爱朋友的人,也能获得朋友的关爱。

有些人不能吸引他人,是因为他们的心灵与外界是隔绝的,他们仅仅专注于自己。 长期的自我专注使他们难以融入群体,逐渐陷入了孤独的世界。

某位青年才俊,不知道是什么原因,几乎没有人欢迎他,即使参加一个公众集会,人人见了他也都退避三舍。所以,当别人寒暄谈笑、其乐融融之时,他却一个人独坐墙角一隅。

此人为何不受欢迎,他自己也不知道原因。他才华横溢,又是个勤勉努力的人,每天工作完成后,也常常和同伴一起娱乐。但他往往只顾自己的乐趣,经常让他人下不来台,最后让很多人一看到他就避而远之。他绝未想到,他的自私是他不受欢迎的主要原因。他谈话的内容,一刻也不能把自己的事情放下,也从不谈论、关心他人的事情。每当与别人谈话时,他总是把谈话的中心集中在自己身上。

一个人如果只顾自己,只为自己打算,就不会吸引他人的注意力,就会让人感到厌恶,不愿意和他相处。怎样才能让他人"感兴趣"呢? 能够设身处地地为他人着想,能够推己及人,能够真诚地关心他人,这样的人才能吸引人的注意力。

## 相互影响，将敌人变成自己人

在人际交往中，彼此会相互影响，这种相互影响或无意或有意。有意，即一方对另一方有意施加影响，以便矫正对方的某种行为。有许多技巧可以施加有意影响，"自己人效应"就是其中之一。"自己人效应"是指对"自己人"所说的话更信赖、更容易接受。所谓"自己人"，是指对方把你与他归于同一类型的人。

要说服别人按照你的建议去做，提出好建议是远远不够的，还要增强和充分利用"自己人效应"。运用"自己人效应"，就能更容易获得他人的好感、建立友谊。而影响他人对一个人产生好感的因素有很多种，以下这些策略可供我们参考。

首先，提升外表的吸引力。这里所说的外表，外貌长相仅是其中一项，还包括言谈举止。而这些，跟我们的相貌、衣着一起，形成了第一印象。自己的相貌自己无法做主，但你一定要注意自己的言谈举止，这是你是否受欢迎的关键。

相信很多人都会有这样的看法：漂亮就等于人品好。其实，这就是"自己人效应"的具体表现，因为一个人的某一个好的特征会影响别人对他的整体评价。

其次，应强调双方的共同点，使对方认为你是"自己人"，从而使你提出的建议易于被接受。物以类聚，有着相同兴趣、观点、个性、背景的人，彼此更易亲近。你想要对方信赖你，就要先和对方缩短心理距离，与之处于平等地位，这样才能使自己在人际交往中的影响力提高。

再次，要有良好的个性品质。良好的个性品质是增强人际影响力的重要因素。心理学研究证明，具备开朗、大度、正直、坦率、实在等良好品质的人，有较强的人际影响力。所以，每个人都要加强培养自己良好的个性品质，让自己成为一个有吸引力、影响力的人。

最后，发自内心的称赞很重要。从心理学来说，每个人心中都有被赞赏的渴望。而发自内心的称赞，更会激发对方的自信和热情，让你们之间的关系更融洽。

## 储备关系，多结交比你优秀的人

假如你毕业后要下海经商，就必须做好社会关系的储备。在这个看不见硝烟的战场上，若人际关系网不够大，想创业可以说寸步难行。在人际关系这张网上，网织着很多关系，如人缘关系、业务关系，甚至还网织着办事的渠道、信息的来源等。这张网已渗透到社会关系的方方面面，它不但影响个人的行为，也是影响社会发展的重要因素，自然也影响和决定着你的成败。反之，在创业时，你如果拥有良好的社会关系，就会得到许多人的帮助，对你的创业也有极大的助益。

良好的社会关系是必不可少的创业准备，而且准备得越多、越好，你就可能越快地创业成功。因此，明智的创业者在创业之前，就会尽力结识相关行业里的知名人士，虚心向他们请教，学习他们的成功经验，把这些作为重要的资源储备起来，以帮助自己解决许多实际问题。这就是很多成功人士都有许多本名片册的原因。这些名片册不仅仅是一个工具，还含有大量的社会资源，是众多成功人士叩开成功大门的敲门砖。

那么，储备社会关系有哪些方法和原则呢？储备社会关系的方法各种各样，因人而异，但一些方法和原则是基本的，主要有以下几点。

1. 多团结人，别轻易树敌

在与人交往时，你可能会碰到各种各样的人。对于你喜欢的人，交往起来非常容易，团结这些人并不难。问题的关键是，和你不喜欢的人友好相处很不容易。

那么，如何与你不喜欢的人建立良好的人际关系呢？你一定要想办法找出你不喜欢的人的优点，并尽量包容他的缺点。如果你能做到这些，就能与你不喜欢的人结为朋友。当你能尽可能多地团结身边的人时，你就迈出了储备良好社会关系的坚实一步。

2. 多结交成功人士

古语说：近朱者赤，近墨者黑。要多结交成功人士，是因为你可以从这些成功人士的身上学到大量有用的东西，他们的优秀品质时时刻刻都能成为你学习的模范，他们成功的事例能不断激励你在创业中前行。如果你能和这些成功者建立良好关系的话，他们也许能在关键时刻教你一招或者拉你一把。因此，和优秀的人交往，和成功者交往，这是进行人际关系储备的一个重要原则。

3. 尽量多地和社会名流建立关系

社会名流都是一些对社会有影响的人，这些人社会关系复杂，或许对你的事业有帮助。但这些名流往往都有自己固定的交际圈，普通人想进入名流的交际圈很难。大多数创业者在创业之前都是无名之辈，社会背景并不优秀。因此，要结交这些人会比较困难。

但你可以从这些方面入手和名流交往：如多了解有关名流的资讯，托人引荐，多去名流常出入的地方，多参加社会公益活动等。这样一来，你就可能结交他们。当然，与这些人交往时，要想通过一次接触就建立很好的关系是不太可能的。但只要给对方留下一个好的印象，以后多创造一些接触机会，你和社会名流也能建立较为牢固的关系。

# 放下"仇恨",多个朋友多条路

俗话说:"同行是冤家。"但是,在生意场上,一定不能像对待敌人一样对待竞争对手。你应该看到对手的优势,以此来弥补自己的缺点。

本雄开了一家小吃店,可由于手艺不精,无力与马路对面的小吃店竞争。于是,本雄想出一个主意,想趁机"修理"一下对面小吃店的老板。

一天,本雄来到对面的小吃店,要了一碗汤面,并趁服务员没看到时,在碗中放进一只自己早已准备好的死蟑螂。

"喂!来一下!"本雄高声叫道。

女服务员忙走过来,本雄厉声指责说:"你瞧瞧,蟑螂竟然在你们的面条里!这种东西在面条汤里还能吃吗?"女服务员看到面汤上漂浮着蟑螂,大吃一惊,只能不停地表达歉意:"对不起……对不起……"听到道歉,本雄反而变本加厉,他凶狠狠地训斥说:"去叫你们老板来!我有话同他说!"

女服务员慌忙跑到后厨去了。不久老板就来了。当他看到碗里的蟑螂时,深深地鞠了一躬:"太对不起了,我们实在是做了一件无话可说的事情,但这似乎只是我们一时的疏忽。"

"说什么?一时的疏忽!"本雄对老板怒目而视。

其他客人都把视线集中过来,老板仿佛有话很难说出口的样子,皱起了眉头,请本雄到后厨去。

厨房里有一只装着面条汤的又大又深的不锈钢的汤锅,老板将本雄领到那锅前边,压低了嗓音说道:"我说这位客人,其实,本店汤里有秘不外传的调料。请您看一下……"

本雄伸头往汤锅里一瞧,只见汤上漂着许多只蟑螂。

"呃……呃呃……"本雄只觉得胃中翻江倒海,跑到近处的水池旁开始呕吐起来。本雄刚止住呕吐,便对站在他背后一直看着他未动的老板说:"用蟑螂给面条汤调味儿,你这个店坑人不浅呐!我不能坐视不管!我一定要告诉每一个人!"

本雄这么一吓唬,老板假装很害怕地说:"蟑螂?您指的是这个吗?"老板用手指了指菜板,那上面放有竖着切开的半个紫茄子和四五个状似蟑螂的茄子碎片,"这很容易做出来的呀!"

老板手拿一个汤匙似的器具,在茄子上一摁,就压出来一个蟑螂形状的茄子片。

"混蛋！你在耍我！"本雄骂道。

老板坦然地说道："话说回来了，您在前堂看到了蟑螂，为何没有恶心呕吐呢？"

本雄被问愣了，只好灰溜溜地走了。

回到家里，本雄越想心里越不舒服，想起对面小吃店老板的态度，好得真是没得说，手艺又好，怪不得人家生意兴隆呢。这时，他感到有点惭愧。

第二天，本雄来到对面小吃店里，真诚地给老板道歉："昨天真是对不起，你的宽宏大量，实在让我感动。作为同行，我真的佩服你。"

老板听了，只是笑着说："没什么，我们都是生意人，应该互相体谅的。只要你用心努力，我相信，一定能做好的。"

于是，两人握手言和，从此成为好朋友。

## 多点头，从对方的立场出发

人的思维具有惯性，当朝着一个方向思考问题时，容易进死胡同。所以，如果你希望别人同意你的意见，就要从对方所赞同的看法开始阐述。

哈理·奥维基博士认为：最难克服的观点是"不"的反应。他指出，一个人开始说"不"之后，就形成了一道心理防线。即使他已意识到自己的错误，但出于自尊，他也不会承认自己错了，只会继续固执下去。因此，在开始谈话时，最关键的是首先讲一些对方认可的事情，这样就不会受到对方的抵触。这就像撞球一样，顺着球的方向打，更容易进球；要是它弹回来，就要花费更大的力气。

詹姆士·艾博森是纽约市格林尼治储蓄银行的一名职员。有个年轻人在这家银行开户，艾博森让他填写一份表格，这是银行的规定，但他却拒绝填写表格上的某些资料。按银行规定，如果客户拒绝填写表格中的任何一项内容,就不能给他建立账户。

但是那天,艾博森没有像往常一样做,他决定撇开银行的规定不谈,而让对方用说"是"的方法来按要求填写资料。于是,艾博森问他:"如果您去世了,银行是否有责任把这些钱转到您的继承亲友那里呢?"客户说:"是。"艾博森继续说:"如果我们知道了您最亲近的人是谁,是不是很方便呢?我们就能迅速、及时、准确地找到您的亲属了,对吗?"对方也说:"是。"

这时,年轻人的态度已经缓和下来,因为他知道了表格中的这些资料于银行无多大用处,而是为了自己的利益。最后,他不仅填完了必填的项目,而且在艾博森的建议下,另开了一个账户,并指定自己的母亲为法定受益人。当然,他很乐意地填写了他母亲的所有资料。

艾博森就是从对方的立场出发,为自己留住了一个客户。当我们与别人讨论问题的时候,从对方的观点开始,就能迅速拉近彼此的距离,对方将认可和接纳你,从而轻松地解决问题。反之,如果一开始就产生争执,那么,你想在紧张和抵触的情绪中得到自己想要的就很难了。

# PART 05

## 会说话，善沟通，别输在不会表达上

# 从"心"出发,学会以情动人

唐代大诗人白居易说:"动人心者莫先于情。"意思是说,要说服人、打动人,必须动之以情,言语必须是诚心诚意的、发自内心,富有人情味和同情心,要让人听后觉得你是真心为他好,是设身处地地为他着想,而不是在应付他。

日本有一个这样的故事:

真田广之替已过世的父亲守灵。他的老家离东京很远,即使坐电车也要花3个钟头时间,而且那时的电车还不像现在这样每一小时发一班车,所以,可以说交通很不方便。当时他心里想:外地的亲戚朋友是不可能前来凭吊的了。但出乎意料的是,在整个晚上都没有任何一个亲属到来的情况下,一个女子突然出现在他的面前。

"田中小姐,你怎么来了……"

当时,真田简直感动得难以言表,因为她不过是他的一名同事而已，真难以想象她会在下班之后，搭乘电车赶到他的老家来。况且当时天色已经很晚，她又不太认得路，肯定是挨家挨户询问才找到他家的。"你经常来这里？"真田问道。

"不，今天是第一次，我只是想来凭吊一番……"

"太谢谢你了，太谢谢你了！"

真田简直感动得不知道该说什么才好，心想：她是个多么好的同事啊！这位同事的确拥有很好的人际关系，在公司里，不论男女都是这么认为的。她得到了大家的信任，只要是她说的话，大家都认为不会错，而且也愿意按照她说的去做。这同时也表示，她是个说服力极强的人。

经过那晚的谈话，真田明白了她说服力极强的秘密。她总是能以情动人，而说服别人按照自己的意图去办事的秘诀就在于攻心。平时别人遇到什么麻烦，田中小姐总是会伸出援助之手，这令所有人都为之感动。先得了人心，别人自然会心甘情愿听她的话。

可能我们平时没有太多时间和精力去助人为乐，但该事例告诉了我们一个关键信息：说服他人的核心点在于征服他人的内心，使对方在情感上有所共鸣。

文学家李密曾在蜀汉担任过尚书郎的官职，蜀汉灭亡后居家不出。晋武帝知道他有才干，便下诏命他进朝为太子洗马，但李密拒绝了。为此，晋武帝大怒。在这种情况下，李密写了一封信给晋武帝：

"我想圣明的晋朝是以孝来治理天下的，凡是年老之人，都得到了朝廷的怜恤和照顾，何况我祖孙孤零困苦的情况特别严重。

"我年轻的时候在蜀汉朝做官，任职郎中，本来就希望仕途显达，并不矜持名声节操。现在，我是败亡之国的低贱俘虏，是身份卑微的人，受到过分的提拔，宠幸的委命，已经非常优厚，哪里还敢迟疑徘徊，有更高的渴求呢？

"只是因为我祖母刘氏如西山落日，已经是气息短促，生命不长。我如果没有祖母的抚育，就难以有今日。祖母如果失去了我的奉养，也就无法多度余日。祖孙二人相依为命，因此，我实在不能抛开祖母离家远行。

"微臣李密今年44岁，祖母刘氏今年96岁。因此，我为陛下尽忠效力的日子还长，而报答祖母养育之恩的日子短呀！故此，我以这种乌鸦反哺的私衷，乞求陛下准允我为祖母养老送终。

"恳请陛下怜恤我的一片愚诚，慨允我微小的志愿，使祖母刘氏可以侥幸保其晚年，我活着也将以生命奉献陛下，死后也要结草图报。臣内心怀着难以承受的惶恐，特地作此书，奏闻圣上。"

这就是流传百世的《陈情表》。将心比心，以情说理，李密在柔言细语中陈述自己的处境。武帝颇为感动，心头的怒火也自然平息了，他还赐给李密奴婢二人，并令郡县供养其祖母。

杰克·凯维是美国加利福尼亚州一家电气公司的一位科长，他一向知人善任，每当推行一个计划时，总是不遗余力地率先做榜样，将最困难的工作承揽在自己的身上，等到一切都上了轨道之后，他才将工作交给下属，而自己退居幕后。虽然他这种处理事情的方法是很好的，但他太喜欢为他人做表率，所以，常常让人觉得他似乎太骄傲了。

最近不知怎么回事，一向精神奕奕的凯维却显得无精打采。原来，最近的经济极不景气，资金方面周转不灵，再加上预算又被削减，使得科里的运转差点停顿。这种情形若继续下去，后果一定不可收拾。于是，他实施了一套新方案，并且鼓励职工："好好干吧！成功之后一定不会亏待你们的。"但没想到，眼看就要达到目标，结果还是功亏一篑，也难怪他会意志消沉了。平日对凯维就极为照顾的经理看了这些情形后，便对他说："你最近看起来总是无精打采的，失败的挫折感我当然能够理解，但是我觉得你之所以会失败，是因为你只是一味地注意该如何实现目标，却忽略了人际关系这种软体的工程。如果你能多方考虑，并多为他人着想，这种问题一定能够迎刃而解。"经理停顿了一下，又接着说，"大丈夫要能屈能伸，才是一个好的管理人员。我觉得你就是进取心太强了，又总喜欢为职工做表率，而完全不考虑他们的立场，认为他们一定能如你所愿地完成工作，结果倒给了职工极大的心理压力。大概也就是因为这个缘故,所以大家都说你虽能干,但当你的部属却很为难。每个人当然都知道工作的重要性,所以,你大可不必再给他们施加压力。你好好休息几天,让精神恢复过来,至于工作方面,我会帮助你的。"

杰克·凯维的一段亲身经历让我们知道,必须站在别人的立场,将心比心,才能真正达到说服对方的目的,否则,再多的自信和能力也无法让别人服从你。会打棒球的人都知道,当我们要接球时,应顺着球势慢慢后退,这样的话,球劲便会减弱。与此相似,我们在说服他人的时候,如果能将接棒球的那一套运用过来,相信说服会变得更容易。

相反,冰冷的态度、程式化的言辞,都会引起对方的逆反心理,增加说服的难度。

林肯在当律师时曾碰到这样一件事:

> 有一位老妇人是独立战争时一位烈士的遗孀,每月只靠抚恤金维持。前不久,出纳员非要她交纳一笔手续费才准领钱,而这笔手续费相当于抚恤金的一半,这分明是勒索。
>
> 林肯知道后怒不可遏,他安慰了老妇人,并答应帮助她打这个没有凭据的官司(因为出纳员是口头勒索)。
>
> 开庭后,因原告证据不足,被告矢口否认,情况显然不妙。林肯发言时,上百双眼睛都盯着他。
>
> 林肯首先把听众引入对美国独立战争的回忆。他

两眼闪着泪花,述说爱国战士是怎样揭竿而起,又是怎样忍饥挨饿地在冰天雪地里战斗。渐渐地,他的情绪激动了,言辞犹如挟枪带剑,锋芒直指那个企图勒索的出纳员。最后,他以严肃的设问,作出了震撼人心的结论:

"1776年的英雄早已长眠地下,可是,他们那衰老而可怜的遗孀还在我们面前,我要求代她申诉。这位老人也曾是位美丽的少女,曾经有过幸福愉快的生活。不过,她已牺牲了一切,变得贫穷无依,不得不向自由的我们请求援助和保护,而这自由是用革命先烈的鲜血换来的。试问,我们能熟视无睹吗?"发言至此,戛然而止。听众的心激动了:有的捶胸顿足,扑过去要撕扯被告;有的泪水涟涟,当场解囊捐款。在听众的一致要求下,法庭通过了保护烈士遗孀不受勒索的判决。

这就是感情的力量。唯有真挚的感情才能打动人、说服人,才能唤起民众、唤醒民心。

婆婆是家里的一把手,财政大权控于掌中,媳妇感到很不愉快。一天晚饭后,她诚恳地对婆婆说:"您老人家操持全家的生活真是辛苦。有些事是我们可以办的,您尽管吩咐。现在大家收入增加了,不愁吃穿,生活可以安排得更丰富些。家里的经济收支,您安排得很好,以后您可以让我们试试,如果您觉得有不对的地方,也好帮我们改正。"

婆婆非常乐意地接受了媳妇的建议。家庭气氛一如既往,其乐融融。

这就是攻心的威力。 说服不是一项硬件工程,它需要先让人心动,然后才能把人说动,因此,一切从"心"出发吧!

## 言多必失,口无遮拦是非多

说话是人的天赋本能,但良好的谈吐却是后天练习养成的。语言是人生不可缺少的交流思想感情的工具。善于说话,小则可以欢乐,大则可以兴国。虽然人人都能说话,可是话说得好的人却不多。其实,说话不见得比写文章简单。要知道,文章写好后还可以修改,但是一句话说出去了,就很难收回了。正所谓"说出去的话,泼出去的水",尤其是一些伤人的话,更是难以收回。

记住:刀只有一刃,舌却有百刃。若不确定这句话是不是该说,最好还是不要说。"言多必失"这句话是非常有道理的,假如一个人总是一直不停地讲话,说得多了,自然而然就会有许多问题暴露出来。比如,你今后的打算,你对事态发展的看法等,都能从你的谈话中表现出来。假如你的这些信息被对手了解到,对手就可以制订相应的策略来打败你。而且,一个人的话多了,其中自然会涉及其他人,说者无心,听者却容易误会。毕竟,所处的环境不同,人的心理感受不同,对同一句话的理解自然也不同。当别人在向其他人传达的过程中,也难免会加入自己的主观理解,一句话的意思可能已经大相径庭,这正是误解、隔阂产生的根源。

另外,人说话时心情不同就会有不一样的话语内容。心情愉快的时候,看事看人可能赞誉之词较多;心情烦闷时,可能会有些愤世嫉俗,说的话也有些过分,从而招来很多麻烦。正所谓"喜时之言多失言,怒时之言多失礼""病从口入,祸从口出"。所以,当我们开口说话时,务必谨慎小心,或者少说废话,多做事。

有一则笑话,流传了很久:

一位工会主席召集5个委员开会。开会的时间早就过了,但是只来了3个人。这位工会主席叹气说:"唉,该来的不来!"一个委员听到后,觉得很不是滋味,他想:我是不该来的人喽?于是这个委员打了声招呼就走了。工会主席见状,继续说:"真是的,不该走的走了!"剩下的两个人听主席这么说,觉得自己应该离开,于是一气之下也走了。

工会主席因为说话不妥当,不但没有开成会,还得罪了人。

一位汽车销售员花了整整一个上午的时间,用她的三寸不烂之舌循循诱导,让客户对她推荐的汽车非常满意。客户原来打算检测完制冷设备后就进行交易。可是,这位汽车销售员在启动汽车的冷气时，向客户炫耀说："这车的冷气非常强劲，某市曾发生此类车冷气将人冻死的事件……"还没等她说完，客户就赶紧走了。

这位汽车销售员真是多此一举，只因多说了一句话，就丢掉了一单生意，实在可惜。管不住自己舌头的人，不但容易伤人，还容易惹祸。慎言并不意味着不讲话，而是该说话时才说，不该说话时就不要说。

谨言慎行是历代先贤警示后人为人处世的原则。孔子说："君子食无求饱，居无求安，敏于事而慎于言，就有道而正焉，可谓好学也已。"其主要思想是要求我们做人要谨言慎行。一个人说错了话或说话不当，是没有办法补救的。一个不善于讲话之人，常会给自己招致麻烦。话要三思而后说，要先想到自己说话的后果，在说的时候应当保持理智，千万不能感情用事，不然很容易给自己带来无法弥补的祸患。

江西卫视曾经播出了发生在江苏吴江的一件事：

  一天晚上，吴江医院妇产科住院部刚出生一天的婴儿脸上居然满是硫酸，婴儿的眼睛与鼻子全都看不清楚了……什么人会对一个弱小的婴儿如此残忍呢？

  随着警方的调查，很快就抓住了凶手，居然是婴儿妈妈最好的朋友张某。

  事情很快真相大白，原来张某表面上和婴儿妈妈的关系非常好，可是心中却因为发生了两件不愉快的事而耿耿于怀。

引起张某不快的第一件事是，张某曾经向婴儿的妈妈借 5000 元钱，结果婴儿的妈妈以手中没有钱而拒绝了张某。可是几天之后，婴儿的妈妈却在电话聊天中告诉张某自己刚借给老师的女儿两万元钱，张某觉得婴儿的妈妈是看不起自己——你不愿意把钱借给我就算了，也不应该把钱借给别人之后在我面前提起吧，这不是明显地欺负我吗？

另外一件事情发生在张某的孩子出生后。张某的孩子长得不太好看，婴儿的妈妈前去探望时，对张某刚出生的宝宝讲了一些不堪入耳的话，这让张某的心灵受到了非常大的伤害，因此恨意又增加了一层。时间一天天过去，张某越来越恨她的好友，她终于等到好友生产的机会，在婴儿初生的晚上扮成医生走到了医院的妇产科……

记者在监狱中采访服刑的张某，问她为何要如此残忍地对待一个无辜的孩子，张某说："就是想让孩子的妈妈感受一下我曾经的痛，让她为伤害别人付出代价。"

得知这些后，婴儿的妈妈非常惊讶，她根本没有想到自己口无遮拦的话会给张某造成这么大的伤害，也没想到会伤害到自己的孩子。

这是一个真实且沉重的故事。从事件本身来看，如果婴儿的妈妈平时注意自己与人相处的方式和态度，把握说话的尺度，多想想别人对自己话语的感受，做到谨言慎行，不说伤害别人的话，不说不该说的话，可能就不会在不知不觉中与好友结仇,也能避免婴儿被毁容此种悲痛事件的发生了。

这个悲剧留给人深刻的教训,它提醒我们在为人处世时应谨言慎行,以免对自己和别人造成伤害。 正所谓"言多必失",一句不好听的话所造成的影响,可能几百句、几千句好话都弥补不了。《菜根谭》中说:"十语九中未必称奇,一语不中,则愆尤骈集;十谋九成未必归功,一谋不成,则訾议丛兴。 君子所以宁默勿躁、宁拙毋巧。"意思是,十句话中有九句是对的,但是如果你说错了一句话就会遭到别人的指责;即使十次计谋中你有九次成功了,也不一定能得到奖励,可是只要有一次计谋失败,就会遭受他人的责难。 所以有修养的君子宁肯沉默寡言,不是经过深思熟虑的话不随便乱说,表情绝不冲动急躁,做事宁愿表现得愚笨一点。

在现实生活中,我们如果逞一时口舌之快,不注意言语的轻重对错,不考虑所说的话带来的后果,如此任性而为,会带给自己无穷的苦恼。 比如,你在劝告别人时,如果不顾及别人的自尊心,那么再好的心意也是无意义的。

说话是个人学问品格的表现,不管什么时候,我们说话都要适度,做到谨言慎行。

另外,言多必失还表现在不会说却要乱说上,结果却与自己身份不符。 当然,大部分人并不是学问品格不好,只是因为一时大意,不留心就把话说出去了。 所以,我们一定要谨言慎行。

## 千万别啰唆，话多惹人烦

卡耐基说："好口才是社交的需要，是事业的需要，是生存的需要。它不仅是一门学问，还是你赢得事业成功、常变常新的资本。"说话并不难，难的是把握好尺度，将话说得恰到好处，以达到"一语激起千层浪"的效果。

可是你千万不要误解为会说话就是要多说，要知道话多的人让人头痛不已。但是生活中却常常有这种人，明明一句话就可讲明白的事，非要长篇大论，让人听不出重点，摸不着头脑。最可怕的是，当事人对自己的毛病一无所知，自顾自享受倾诉的乐趣，全然不知倾听者有多烦闷。

我们先来听一段电影中的经典台词："悟空，你也真调皮呀，我叫你不要乱扔东西呀！哎，乱扔东西是不对的……哎呀，我的话还未说完，你怎么把棍子也给扔掉了？月光宝盒是宝物，乱扔它会污染环境。哎，砸到小朋友怎么办？就算砸不到小孩子，砸到花花草草也不好嘛。"

这是《大话西游》中唐僧的经典台词，你听后可能会狂笑不已，唐僧的杀伤力不但能让悟空发疯，连台下的观众也不胜其烦。唐僧的话是由编剧虚构出来的，可是现实生活中，真有人堪比唐僧。

　　一位从小一起长大的朋友说要来看李敏，李敏高兴地邀请朋友到家里住。刚开始朋友没同意，说是怕打扰李敏和家人的生活，但李敏说家中有空房，没关系。朋友无法推辞，就答应了，而且还带来了一位与李敏不熟识的朋友张小亚。

　　张小亚非常爱说话，而且说的话至少要重复五六遍。她的重复并不是口语化的重复，而是怕别人听不懂或者提醒别人不要忘了她曾经说过的话。

　　开始的时候，出于礼貌，李敏还会不厌其烦地坚持听，到了后来，李敏的耳朵再也受不了了，只要张小亚一件事重复超过3次，她就马上躲到一边去。但是张小亚不但说话声音大，而且有很强的穿透力，即使躲在房间关上门还能听到她的声音，更可怕的是，她会追着人说。李敏感觉自己家里处处都有张小亚的"魔音"。

　　另外，张小亚的电话也非常多，而且她每接一个电话至少要讲十多分钟。有一次，她给一个朋友打电话，足足打了一个小时，为的却是一件小事。在她放下电话后，李敏终于忍不住对她说："小亚，我觉得你有点啰唆，其实你可以表达得简单一点……"

　　李敏的话还未讲完，张小亚就打断她说："不是我啰唆，是我怕他们会曲解我的意思，所以我一定要说清楚。"于是，张小亚开始不停地跟李敏解释她不是啰唆。李敏真后悔给她提这个意见，在她看来，张小亚简直烦得让人无语。

李敏被张小亚富有穿透力的声音折腾得筋疲力尽。若照这样发展下去，她觉得自己非崩溃不可，于是忍耐了几天，就找了个理由把她们打发走了。在张小亚走出李敏家的那一刹那，李敏整个人都放松下来，有一种如释重负的感觉。

看到这儿，你是不是觉得李敏很可怜，张小亚非常让人讨厌？所以，我们一定不要犯此种错误，让人生厌。

2003年，时任美国国防部长唐纳德·拉姆斯菲尔德获得了英国"简明英语运动组织"颁发给他的"不知所云"奖。因为他曾在一次记者招待会中说了一段流传非常广的"名言"："我一直对尚未发生事情的有关报道有兴趣，就像我们都知道的那样，这些事情是人人都知道的，我们明白一些我们明白的事情。我们知道自己有未知的事情，也就是说，我们知道有些事情我们不清楚，也就是我们清楚自己还有不知道的事情。"

这位部长非常厉害，功力简直比唐僧还深，人们根本就不知道他想表达什么。如果一个人说话时总说不到点上，又怎能让听这段话的人明白其想表达的意思呢？托尔斯泰说过："人的智慧越是深奥，其表达想法的语言就越简单。"真正打动人心的往往不是长篇大论,而是那些简单明了的话语。

在生活中,许多人有说话啰唆的毛病,而聪明的人不应该这样做,说话达到目的即可。聪明人讲究说话尺度,不会长篇大论找不到重点,不会让人烦躁,也不会让人觉得词不达意。

且不说言多必失,单就啰唆带给人的感觉,就是非常不好的。在生活中,你也许看到过以下类似的情景:女人经常向男人唠叨"你要戒烟……",但男人依旧吞云吐雾;妈妈三番五次地对孩子说"你要把你的被子叠好后再出去玩",但是孩子总是把妈妈的唠叨不当回事,屋子照常杂乱……造成这些情况的原因就是刺激太多、太强或作用时间太久,超出了人们所能承受的限度,从而引起了人们极不耐烦或反抗的情绪,让事情向反向发展。心理学上把这种行为称作"超限效应"。

由此可见,假如我们希望自己说的话能作用于他人,就不能采取简单的重复,因为啰唆只会让对方更加反感。不如换个角度、换种说法,使对方的厌烦心理、逆反心理降到最低,只有这样才能达到"一语千金"的效果。

## 别太刻薄，咄咄逼人输人缘

很多年轻人仗着能言善辩，时常在讨论中占上风，于是为了显示自己良好的口才，他们变得尖酸刻薄，似乎这样会显得他们伶牙俐齿、有个性。这样的人不懂得如何维护人际关系，盲目地争强好胜，结果众叛亲离。卡耐基对此评价说："你可能赢了辩论，但却输了人缘。"

要知道，任何讽刺和挖苦都是带有攻击性的，可能会让你失去一个朋友。所以，为了避免一些荒谬的争吵，在说话时应该注意分寸，即使是你手中握有真理，也不要咄咄逼人。

在人很多的公共汽车上，一位小伙子不小心踩到了一个老大爷的脚。老大爷脾气有点暴躁，张口就说："你说你这么大一小伙子，欺负我这么大岁数的人干吗？"

小伙子本来刚想道歉，可老大爷的话实在让他不舒服，愧疚的心理立刻消失得无影无踪，他努力不让自己生气，憋了半天才说："踩就踩了，这算什么欺负啊！"

结果老大爷脸色更差了，他说："真是的，现在人怎么都不学好。瞧你那样儿，刚从监狱里出来的吧？"

这下小伙子可急了："你这个人怎么说话呢！"说着就要往前冲。这时大家都来劝解，好不容易才让他们平静下来。

这个老大爷的说法是典型的"得理不饶人"，本来只是一件小事，但他得理不饶人，显得很刻薄。老大爷的话让小伙子心中极不舒服，占理的事也让他弄得没理了，这是何苦呢？

俗话说："饶人不是痴汉，痴汉不会饶人。"在双方出现争论时，占理的一方应当有"得饶人处且饶人"的胸襟，不要穷追猛打，将他人逼入死角。穷追猛打只会扩大矛盾冲突，让事情更加棘手。

如果错在别人，也许他已经意识到了，对所犯的错误会心存内疚。假如我们不分场合、对象，只是据理力争地责备别人，会让人非常难堪。得饶人处且饶人，对那些已经有了内疚之意的人应该懂得宽容和理解，不要太咄咄逼人。

曾有这样一则报道：

一位老人在逛市场的时候，不小心碰倒了商贩的一个花盆。老人急忙道歉，还说要买下这个花盆，可是他一掏口袋才发现自己没带钱。

那个卖花盆的商贩不依不饶，叽叽喳喳地说他的花盆值多少钱。事实上，那只是个最普通的花盆，仅值十几元钱而已。

老人说："无论多少钱我都赔给你，可是我现在身上没带钱,要不你让人跟我回家去取?"

可是商贩不相信老人的话,不让老人走,一个劲儿地让他再仔细找一下自己带钱没有。老人气得把口袋翻给他看,可是商贩却不肯罢休:"哪有人出门不带钱的!"

老人没法解释,只能反复地说:"我不会骗你的。"但是无论他如何解释,商贩就是不信他的话。在不依不饶的争吵中,围观的人越来越多,老人一辈子也没有如此难堪过,觉得自己很没面子,急火攻心,导致心脏病突发,不治而亡了。

为了一个区区十几元的花盆,商贩的咄咄逼人居然要了老人的生命!

事实上,许多事情根本没有必要分出高低好坏,尤其当这个结果有可能对别人的自尊心造成伤害时,那就更不要去争论。如果你因为手握真理,就存心让别人难堪,那别人一定不服气,这也可能为你以后的道路埋下隐患。因此,不妨为别人留些后路,即使真理在握,也要给人留面子,这样双方才能友好相处,你的大度也能为你赢得好人缘。

一个服务生端菜上楼时不小心撞到了一位下楼的客人,服务生手中的菜盘掉到地上摔个粉碎,菜汤溅到了客人的米色裤子和白色皮鞋上。服务生连声道歉,并主动弯下腰来用餐巾纸擦拭客人的裤腿和皮鞋。

这个客人怒气冲冲地骂道:"你是干什么吃的,没长眼睛吗?"服务生仿佛犯了天大的错误,一边擦一边说:

"非常抱歉,对不起……"这个客人还是咄咄逼人地要找经理。和他一起来的人说:"算了,服务生也不是故意的,得饶人处且饶人,人家都给你道歉了,也给你擦了。走吧。"说着一行人走出了饭店。

想一下,如果是你,你会怎么做? 如果你是那个人的朋友,又会对此人如何评价呢? 我们应明白"风水轮流转"的道理,做人或者做事要留有余地,不要太过分,避免将痛苦带给他人。 做错了事,人们一般会心存负罪感,会主动赔礼道歉,即使别人说几句也得听着,这是理所当然的。 可是,如果已经赔礼道歉了,对方还不依不饶的,恐怕不会有人能容忍太多责骂的话。 碰到心眼儿小的,说不定还会报复你,那时,你有理也没地方讲。 在我们留给他人退路或机会的同时,也是在给自己退路。

有的人总喜欢凡事都要与别人争个对错,大有不分上下不罢休的架势,结果不但落得个没人缘,而且事情也办砸了。其实,人与人之间存在着各种差异,由此也会产生各种矛盾。我们应该抱着求同存异的态度,存在矛盾忍让一下,不与人发生口角,这样才更容易赢得好人缘。

年轻人容易犯得理不饶人的毛病,以为这样才是个性,殊不知这将带给自己很多麻烦。 "得理"当然有权利"不饶人",可是"得理且饶人"却会让自己的路更宽广一些。 人与人之间,难免争执与摩擦,即使觉得自己占理,也应避免过分指责对方,毕竟谁又能十全十美呢? 在你有理的时候不要抓住不放,宽容别人,理解别人,生活也会快乐许多。

# 多说"我们",少说"我"

老江湖之所以比新人精明,在于他们看到了许多新人不易觉察的细节问题,比如注意"我们"和"我"之间的区别。

孩子在玩耍或想占有某样东西时,常会说"这是我的""我要……","我"是自我意识强烈的表现。可如果成年人在说话时,仍然过分地强调"我",会让别人认为这个人自我意识太强。人际关系势必会因此受影响,毕竟谁都不愿意和自私的人交往。

亨利·福特在描述最让人厌烦的行为时说:"一个满嘴都是'我'的人,随时随地只会说'我'的人,一定是个不受欢迎的人。"《福布斯》杂志中也曾登过一篇名为《良好人际关系的一剂药方》的文章,里面有几点需要牢记:"在交谈中,最重要的 5 个字是:'我以你为荣!'最重要的 4 个字是:'您怎么看?'最重要的 3 个字是:'麻烦您!'最重要的 2 个字是:'谢谢!'最重要的一个字是:'你!'最不重要的一个字是:'我'。"

在与他人交谈时,"我"字说得太多并过分强调,会给人突出自我、标榜自我的感觉,这会在无形中让对方和你之间筑起一道防线,形成交流障碍,不利于他人对你产生认同感。会说话的人在与人交谈时,总会避开"我"字,而是用"我们"来替代。

在俄国十月革命刚刚胜利时,因为与沙皇有血海深仇,很多革命者坚决要求烧掉沙皇住过的宫殿。当局派出很多人做思想工作,革命者们都不松口,依旧坚持烧掉宫殿。最后,列宁亲自出面劝解。

列宁对革命者们说:"要烧宫殿可以,不过在烧宫殿之前,我们大家都来考虑几个问题行不行?"

"当然行。"

列宁问:"谁建造的沙皇住的宫殿?"

革命者们说:"是我们造的。"

列宁接着问:"我们造的房子,不让沙皇住,那可不可以让我们自己的代表住?"

革命者们都高声回答:"可以!"

列宁又问:"那么我们还要烧宫殿吗?"

革命者们认为列宁讲得很有道理,结果宫殿保留下来了。

所以,如果你想得到你所希望得到的,就要避免和别人争高低,要维护别人的自尊心。为了不伤害别人的面子,千万不要常把"我"字挂在嘴边,不要一张口就说"我的……"，而要说"我们的……"，否则会与别人产生距离感。

张三、李四两个人将地里的农活干完后，一起回家。在回家的路上，张三发现前面的地上有一把镰刀，赶紧跑过去把那把镰刀捡起来，说："我们捡到了一把新镰刀！"李四看出张三想把镰刀带回家占为己有，他想，是张三发现了这把镰刀，理应归他所有，于是说："你说错了，你不应该说'我们捡到'，因为这是你捡到的，所以你应该说'我捡了一把镰刀'才对。"张三听李四这么说当然很高兴，甚至没说一句客气话，就算默认了。

两个人继续往前走，张三的手中依旧拿着那把镰刀。过了一会儿，镰刀的主人走了过来，远远地看见张三的手上拿着他的镰刀，就朝他们追赶过来。这时候张三非常紧张地看李四一眼说："怎么办？这下我们要被他抓到了，丢脸丢到家了。"李四听张三这么说，知道张三想两个人平摊责任。于是李四非常严肃地对张三说："你说错了，刚才你说是你捡到的镰刀，现在人家追来了，你应该说'我要被他抓到了'，而不是'我们要被他抓到了'。"

"我"在考虑问题时是站在自己的角度上，而"我们"则是站在双方的角度上，一字之差，给人的感觉却相差甚远。只站在自己的角度上考虑问题无异于孤身作战，一个人孤军奋战是很难在社会上立足的。"我们"一词是合作的前提，要知道人性最本质的一面都是忠于自己的，一个简单的"我们"，增加的是一份不容易得到的亲密感。年轻人想有好的社会关系，首先要对周围的人际关系进行经营，这时要注意"我们"比"我"更强大。当"我们"取代"我"的时候，它焕发出的力量更是不可估量的。

驾驶汽车应随时注意交通标志，说话也要密切关注听众的态度和反应。假如红灯已经亮了依然往前开，就是违章了。如果你谈话时"我"字使用的频率高，不妨看看听者的反应，看自己是不是已经"违章"了。

人们最感兴趣的就是谈论自己，而对于那些与自己无关的事情，多数人会觉得索然无味。比如当一位妈妈热情地对你说："我的宝宝会叫人了。"这时她的心里非常高兴，但是你却未必和她一样高兴。在我们说话时也是一样，你感觉有兴趣的事，别人未必感兴趣。

所以，在与人交流时，尽可能地忘掉自己，不要大谈特谈只与自己有关的事情，你的生活引不起别人的兴趣。每个人都喜欢自己最熟知的事，因此，在交际中，我们要尽量去引导别人说他自己的事情，或者双方都感兴趣的事，这是让彼此高兴的好方法。

潜意识中，人们往往认为"我"是在推销自己，可是"王婆"若只知道"自卖自夸"，则很难卖出瓜，仅仅推销"我"的人也同样很难取得良好的效果。在你喋喋不休地说"我"的时候，有没有想过别人爱不爱听？心理学家告诉我们，很多人既渴望展示自己，又有不乐意做别人自我展示的听众的心态。所以，在你痛快地使用"我"的时候，别人大概已经被你惹恼了。

应聘者甲说:"在我负责销售部的时候,我让部门业绩取得了较大的提高。在我的严格管理下,部门员工得到了很大锻炼,能力得到了提升,所以我得到了公司领导的重用。"

应聘者乙说:"在我负责销售部的时候,部门工作取得了较大进步,不但销售额比去年上升了20%,部门的员工也得到了很大的锻炼和提升。公司领导对此的奖励,是对我们全部工作人员的极大鼓励。"

显然,应聘者乙比应聘者甲更容易被人接受和喜欢。他没有连续使用4个"我",也没有贪下全部功劳,因此同样的内容,应聘者乙的表达效果就好得多。

说话时,把"我"变为"我们",可以巧妙拉近双方的距离,使你和你说的话更易被别人接受。

PART 06

会应酬，懂交往，
在任何场合都不怯场

## 巧妙寒暄，迅速拉近距离

寒暄，也就是人们见面时打个招呼，对别人表示礼貌和关心。

由于两人是初次见面，彼此都不太了解，往往易陷入无话可说的尴尬场面。此时，年轻人不妨以一些寒暄语作开头，比如，"今天天气好像有点热"或者"最近忙些什么呢"等。这些寒暄能使初次见面者免于尴尬的沉默。

寒暄是冲破戒备障碍的有效方法。寒暄或问候语本身或许并不正面表达特定的意义，但是在沟通中能使不相识的人相互认识，使不熟悉的人相互熟悉，打破沉闷氛围，使气氛轻松活跃。

20世纪80年代，意大利著名女记者法拉奇打算到中国对邓小平进行一次专访。为了专访能够成功，她翻阅了许多关于邓小平的书籍。在一本传记中，她注意到邓小平的生日是1904年8月22日。于是，一些想法在她脑海中产生了。

1980年的8月21日,邓小平接受了法拉奇的专访。

"邓小平先生,明天是您的生日,祝您生日快乐!"法拉奇彬彬有礼地说。

"明天是我的生日?我从来不关心什么时候是我的生日。"邓小平幽默地说。

"是的,邓小平先生。我是从您的传记中知道的。"法拉奇信心十足地说。

"噢!既然你这样说,就算是吧!但也别祝贺我,我也已经76岁了,到了衰退的年龄了!"显然,法拉奇的问候已经让邓小平对她有了好感,还和她开了个小小玩笑。

"邓小平先生,我父亲也是76岁了。如果我对他说他已经到了衰退的年龄,他肯定会打我两巴掌呢!"法拉奇也和邓小平开了一个小玩笑。

邓小平听后,哈哈大笑,说:"是呀,当然你也不会这样对你父亲说,对吧?"

采访就在这样轻松的气氛中开始了。

与人初次见面,几句得体的寒暄会使气氛变得融洽,会很快拉近双方的距离,使双方打成一片。

与一个未曾谋面的人见面,只有两三个问答的回合,最好作一般性的寒暄,如问候、互通姓名、谈论一些无关紧要的话题等,尽量不要提及令对方感到尴尬、引发对方不愉快回忆及易于引起争议的话题。

寒暄要选择一个恰当的时机,要充分了解对方当时的心情,再决定打招呼的方式和表情。 比如对方心情不愉快,你从其面部表情上就可以判断出来,这种情况下你的招呼要注意,声音不要太大,语言尽量低调,不要太热情,或用询问式的语言、安慰的语气来打招呼。

如果对方脸上喜气洋洋,你就可以高调热情地与他打招呼,使对方感觉到温暖,进而展开话题。

男士向女士打招呼,语言可热情一些,但要适度,开玩笑不要太过分,以免让对方觉得你太轻浮。

寒暄语言的长短、内容的繁简、往复次数等要与交谈双方关系的亲密程度成正比。

在融洽的气氛成功营造之后,尽量及时引入正题,切不可过分寒暄,否则对方会认为你心怀不正对你加以提防。 总之,初次见面,寒暄要适度,既要热情亲切,又不要阿谀奉承,要做到温和有礼。 这样,才能使对方乐于和你进行交流。

## 称呼得体,让你更受欢迎

很多年轻人在职场中都遭遇过"称呼的尴尬","老板""老大""老总"……该选择哪一种来称呼领导呢? 而同事之间,怎样称呼才合适? 叫名字太鲁莽,叫哥哥姐姐有些别扭,叫官衔又有巴结味道。

称呼作为交往中最基本的礼仪,不但能够体现个人的修养,还可能对自己工作是否顺利有直接影响。

金先生在一家公司工作。一次,为了表示与领导亲热,他把部门经理称作"老王",结果可想而知,屡被经理"穿小鞋"。"哎,他也太小肚鸡肠了吧,只是个称呼也这么计较,不知道怎么做到经理的。"金先生后来跟同事念叨此事,同事不耐烦地说:"这事,还真是你自己做得不妥当。人家都是经理了,你这么叫,不是故意让他尴尬吗?"

晓玲进入单位的第一天，领导为她引见部门同事时，她非常恭敬地称对方为"老师"，大多同事都欣然接受。当领导带她来到一个女同事面前，要她先跟着这位女同事学习时，晓玲也恭敬地叫了她一声"老师"。这位女同事连忙摇头："大家同事，不要叫我老师，直接叫我名字就可以了。"晓玲觉得叫姓名不尊重，叫老师又让对方觉得生分，她一时陷入了两难境地。

其实很多人都遇到过这样的难题。根据智联招聘的调查显示：95%的新人曾遭遇称呼烦恼，即便是老员工也会经常遇到称呼的烦恼。

初入职场，第一课就是称呼礼仪。冒冒失失、没大没小的职员，在职场上是不会受欢迎的。在职场上，尤其是在工作场合，你怎样称呼别人，能表达出你心里是否对人尊重。

中国是礼仪之邦，职场称呼作为一种交往的礼节，越来越受到人们重视。正是因为礼数多，礼节不能小视，称呼的难度也随之加大。而且随着时代变化，人与人之间的称呼也悄悄跟着变化。现在如果谁还在不适当的场合，把女孩子叫作小姐，称呼女士为大姐，很可能会招来白眼。因此，为避免"祸从口出"，适当的称呼礼仪非常重要。

到一个新单位，要先问问同事或者留心听听别人怎么称呼，不要冒冒失失地想当然来称呼同事和领导。如果实在不清楚该怎么称呼，第一次也可以客气地说："对不起先生，我刚刚来到公司，不知道该怎么称呼您？"不知者不怪，一般情况下别人还是会乐意告知你的。

如果对方让你直接叫他的名字，作为一个新人，你也最好不要直呼其名。礼多人不怪，即便是生疏一点，也总比不尊重对方的"自来熟"要好，因为让你直呼其名完全有可能是对方的客气。而且，在职场上，过分地表现亲昵不值得提倡。亲昵，可以在下班后的非正式场合进行。

职业顾问认为，其实称呼没有必要绝对化、固定化，情况不同称呼也不同。新进入一个单位，最好先熟知其企业文化。同事之间的称呼是企业文化的一种体现，一个企业以什么类型的称呼为主，体现着企业管理者的个性风格。

欧美企业以氛围自由著称，无论是同事之间，还是上下级之间，一般都互叫英文名字，即使是对上级甚至老板也是如此。如果用职务称呼别人，反倒让人觉得和周围环境格格不入。

在由学者创办的企业里，按照创业者习惯，彼此以"老师"称呼。在文化氛围浓厚的单位也可以称呼"老师"，比如报社、电视台、文艺团体、文化馆等。

在注重团队合作的企业或学习型企业里，大家基本没有等级观念，以行政职务相称的情况比一般企业要少，一般称呼姓名。而在等级观念较重的企业，最好以行政职务相称，如张经理、陈总等，表示尊敬对方。

在私下里，同事之间的称呼就比较随意了。女孩子可叫她的小名，如丽丽、小燕等；对男性可称"老张""张哥"等。不过，昵称的使用要把握分寸，不能不看对象、不分场合地乱叫一气。

要做到称呼得体，还需要注意场合。在办公室、会议室、谈判桌等正式场合，要用正式的称谓；而在聚餐、晚会、活动等娱乐性的场合里，称呼可以随意些。

总之，你在称呼上得体，也是给周围的人留下好印象，能让你更受欢迎。你规范的称呼礼仪，让别人觉得有面子、受尊重，同时也觉得你很职业。这样的你，一定能得到更多提升的机会。

## 互惠原理，滴水之恩涌泉报之

生活中，我们大都会有这样的体会：如果别人帮了你一次忙，你觉得应该回敬人家一份礼物；如果别人送给你一件生日礼物，你会觉得也应该送给他一件礼物；当你的朋友请你吃了顿饭，你也总是惦记着要回请他……这是为什么呢？因为我们的决定受互惠原理影响。

所谓的互惠原理，概括起来说就是一方的行为造成了另一方负债感，于是另一方也会运用类似的行为来消除这种负债感。从理论上说，互惠原理认为我们应该尽量去报答他人为我们所做的一切。在某些特殊情况下，如果受惠一方由于能力有限不能回报，他也不会完全忘记别人为他所做的事情。

美国康乃尔大学的雷根教授曾做过一个实验，即邀请实验对象与雷根教授的助手乔一起给一些画评分。实验分为两种情况：其一，乔在评分休息期间，出去一会儿，买了两瓶可乐，给了实验对象一瓶，并告诉他说：

"我去买可乐,也给你顺便带了一瓶。"当时可乐是10美分一瓶。其二,乔在评分休息期间出去后,并没有给实验对象带任何东西。当评分结束后,乔请实验对象帮他一个忙,说他目前正在卖彩票,每张彩票25美分,如果他卖出最多彩票,他就会得到50美元的奖金。实验目的就是在两种不同情况下比较乔卖掉的彩票多少。实验结果是:第一种赠可乐的情况下卖掉的彩票数量是第二种情况下的两倍。

仔细分析后,我们很容易发现,互惠原理之所以可以成为有效的交际方式,一个重要的原因就在于它使人的心理产生负债感。对每个人来说,这种负债感都是一副迫不及待要卸下的重担。一旦受惠于人,就如同芒刺在身,浑身上下不舒服。而我们之所以会费心思地做出与我们收到的恩惠类似的行为来回报,就是想尽快从这种心理重压下解放出来。

互惠原理的威力在于,即使是一个陌生人,或者我们不喜欢的人,如果先施予我们一点小小的恩惠,然后再提出要求,也会增加我们同意的概率。这个使我们产生负债感的恩惠并不一定是我们主动要求的,它完全可以是强加到我们头上的。而即使这个好处是不请自来的,我们心理还是会存在负债感。

在筹集募捐之前,给人们发送小礼品或者鲜花等物品,就会增加人们捐款的可能性。

黑尔·克里希纳会社是一个发源于印度的宗教团体,

在20世纪70年代，这个团体的收入呈现爆发式增长，其原因就在于其采取了一种"先施舍后乞讨"的募捐方式。在募捐请求提出之前，其成员会先把一份小礼物送给路人——《圣经》、神学杂志、一朵花等。

互惠原理同样可以应用在生活的各个方面。比如别人想求你办事的时候会先拉拢你，给你送个礼物、请你吃个饭，你还好意思不帮忙吗？再或者以前有恩于你的人想请你帮忙，知恩图报的你会"赴汤蹈火、在所不辞"地帮助他。

钱钟书在上海写《围城》的时候，窘迫过一阵。那时没人买他的学术文稿，于是他写小说的动机里就多少掺进了养家糊口的成分。恰巧这时黄佐临导演了钱钟书夫人杨绛的四幕喜剧《称心如意》和五幕喜剧《弄假成真》，并及时支付了酬金，才帮助他们家渡过了难关。时隔多年，黄佐临导演之女黄蜀芹之所以独得钱钟书亲允，开拍电视连续剧《围城》，实际上是因为她怀揣了其父的一封亲笔信。钱钟书是个别人为他做了事他一辈子都记着的人，黄佐临四十多年前的义助，钱钟书多年以后仍记得要回报。

互惠原理具有非常大的能量，因为这是人的天性，很多所谓好面子、慷慨的人会对这个原理更为敏感，他们更容易产生负债感，更希望能迅速回报别人。

从社会学的角度来看，人际关系是在人与人的交往中形成的直接的、可感知的心理关系，实际上也蕴涵着一种价值关系。因此，互惠与互利也就很自然地成为调节人际关系的一个准则。

换句话说，想给别人留个好印象，首先要做到与对方在心理上互惠，它是社会交往中常用的变通之术。

## 会说"场面话",所有人都开心

年轻人一踏入社会,出去应酬的机会就增多了,这些应酬包括去赴宴、参加酒会及其他聚会等。不管你是否愿意,"场面话"一定要讲。

什么是"场面话"?简言之,就是讲让主人高兴的话。既然说是"场面话",可想而知就是在特定"场面"才讲的话,这种话不一定代表你内心真正的想法,也不是一定要有事实依据,就算主人明知你"言不由衷",也会非常开心。

在一个鸡尾酒会上,有个商人模样的外国人过来跟达子打招呼,达子马上将冰橙汁放下,与他握手。他笑问道:"为什么你的手如此冰冷呀?"达子赶紧解释,说是橙汁的原因。对方马上摇头:"不不不,你只需要说'但我内心是热的'就行了。"

这样一句话敲醒了达子。其实对方并不关心为何他的手是冷的,而他也并无义务解释为何自己的手是冷的,不过是两个陌生人找个话题混个脸熟而已。

善于应酬的人,也就是公认的社交高手,他们能把"场面话"讲得很漂亮,也能让听的人很愉悦。这样的人,大家都欢迎。

有些人在思想上没有场合意识,不管什么场合他都习惯从主观意识出发,心里想什么就说什么,丝毫不顾及他人感受,这样往往会冒犯别人。比如:在寿宴上对着寿公寿婆大谈人寿保险的好处;对着孕妇说如今养孩子有什么不好;对新郎新娘说今天喜宴的菜好吃极啦,下回别忘了要请我;别人就要出远门旅行了,却对他大谈今年发生了多少飞机失事的意外事件……你不想成为这样的冒失鬼吧?那就一定要讲"场面话",这个技巧绝对有用。

人生需要掌声,不管是给别人还是给自己。因而,在公众场合,要时刻注意自己的言行,切忌有口无心。我们不妨就把帮助和赞许别人的表情挂在脸上,给别人多"捧捧场"。

"场面话"就是感谢加称赞,如果你能讲好"场面话",一定会有助于你搞好人际关系。那么该怎么说"场面话"呢?

去别人家做客,对于主人的邀请要表示感谢,盛赞菜肴的精美、丰盛、可口,并根据实际状况,称赞主人的室内布置合理、小孩乖巧聪明等。这种"场面话"所说的有的是实情,有的是偏离实际的,说的时候还是要注意分寸,不要太离谱。

法国总统戴高乐在 1960 年访问美国时,在一次尼克松为他举行的宴会上,尼克松夫人费尽心思地布置了一个美观的鲜花展台:在一张马蹄形的桌子中央,鲜艳夺目的热带鲜花衬托着一个精致的喷泉。聪明的戴高乐将军一下就看出这是主人为了欢迎他而精心设计制作的,不禁脱口称赞道:"这次宴会布置得这么漂亮雅致,夫人一定花了不少心思。"尼克松夫人听了,心里非常开心。事后,她说:"大多数来访的大人物要么不加注意,要么不屑为此向女主人直接道谢,而他总是想到并表达出来。"

可见,赞美他人的一句简单的话,会带来多么好的效果。

赴宴时,要称赞主人选择的餐厅和菜色,一定不要免去对主人邀请的感谢。

参加酒会,要称赞酒会的成功,表明你是如何有"宾至如归"的感受。

参加会议,如有机会发言,要称赞会议准备得周详。

参加婚礼,除了菜色之外,一定要记得称赞新郎新娘"郎才女貌,是天造地设的一对"。

说"场面话"的"场面"当然不只是这些,至于如何说"场面话"也没有一定的标准,要根据当时的情况来决定。切记点到为止,不要讲太多,讲太多了就显得虚伪,这也就是说要掌握讲"场面话"的火候与分寸。

## 会说圆场话,相处才融洽

年轻人在生活中会遇到很多这样的情况:自己上司所处局面很尴尬,自己的朋友和别人争吵不休,这时候你要为他们解围打圆场,以使他们不致陷于尴尬之境,最终达到"你好我好大家好"的效果。

一次老同学聚会,大家见面分外亲热,聊得非常开心。这时,一位男士对一位女士信口开河地说道:"当初你可主动追求过我,现在还想我吗?"按理说,在老友重逢的气氛中,这些话虽然有些不妥,但也无伤大雅。但是,当时这位女士心情很不好,竟然脸色一变,气呼呼地说:"你神经病!谁会追求你这种心里龌龊的人!"她的声音很大,惊住了在场的所有人,大家都觉得很尴尬,顿时场面冷了下来。这时,另一位男士站了起来,笑着说:"我们小妹的脾气还没变啊!她喜欢谁,就说谁是神经病,说得越厉害越让人受不了,就表明她越喜欢。小妹我说得没错吧?"一番话,让大家都想起了大学时的美好生活,不由得七嘴八舌,互相开起玩笑来,也就平息了这场风波。

在交际中遇到尴尬的场面时,要做到审时度势,准确把握双方的心理,然后借助恰到好处的话语及时出面打圆场,以化解尴尬,让交际活动正常展开,这是十分重要的。

1. 转移话题,制造轻松气氛

在交际场合中,如果某个较为严肃、敏感的问题弄得交谈双方都很对立,甚至不能进行正常的交谈,可以暂时避开这个话题。然后用一些轻松、愉快的交谈来转移双方的注意力,或者通过幽默的话语将严肃的话题淡化,使原来僵持的场面重新活跃起来,从而缓和尴尬的局面。

2. 找个借口,给对方台阶下

一些人常常在交际活动中陷入窘境,这是因为他们在特定的场合某件事情做得不合时宜,于是就进一步造成整个局面的尴尬和难堪。在这种情形下,换个角度或者找个借口,以合情合理的解释来证明对方有悖常理的举动在此情此景中都是正当的、合理的,这样一来,解除了双方的尴尬,正常的人际关系也能得以继续下去了。

3. 善意曲解,化干戈为玉帛

在交际活动中,交际的双方或第三者可能会说出一些让人感到惊讶的话,或做出些怪异的举动,从而出现尴尬和难堪的场面。为了缓解这种局面,我们可以采用故意"误会"的办法,假装不明白或者故意不去理会,从善意的角度做出有利于化解尴尬局面的解释,将局面朝有利缓解的方向引导转化。

4. 审时度势,让各方都满意

在某种场合中,当交际双方因彼此不满意对方的看法而争执不休时,谁对谁错很难说清。作为调解者应该理解争执双方此时的心理和情绪,不要厚此薄彼,要对双方的优势和价值都予以肯定。在这个基础上,提出双方都能接受的建设性建议,这样就容易为双方所接受。

一次,学校举行文娱活动,全校教职工分成两个组,自行编排和表演节目,然后进行评比。表演刚结束,坐在下面的人就分成两派,吵得面红耳赤。眼看活动就要陷入僵局,主持人灵机一动,对大家说:"到底哪个组取胜,我看应该具体情况具体分析。教师组富有创意,激情四溢,应该获得创作奖;职工组富有朝气,精神饱满,应该获得表演奖。"

这位主持人在评比出现矛盾的局面时,并没有参与到争论中去,而是强调了两个组的不同特点和优势,充分肯定了每个组的表现,这样的结果就很容易被大家接受了。